Judith Sendl

Chronisch Gesund! #starten

Dein 14-Tage-Plan für die anti-entzündliche Ernährung

Wichtige Hinweise

Verlag: BILDNER Verlag GmbH
Bahnhofstraße 8
94032 Passau
https://bildner-verlag.de/
info@bildner-verlag.de

ISBN: 978-3-8328-0730-6

Autorin: Judith Sendl

Herausgeber: Christian Bildner

Coverbild und Rezeptbilder: Judith Sendl

Druck: FINIDR s.r.o., Lípová 1965, 73701 Český Těšín, Tschechische Republik

MIX
Papier aus verantwortungsvollen Quellen
FSC® C014138
FSC www.fsc.org

Das FSC®-Label auf einem Holz- oder Papierprodukt ist ein eindeutiger Indikator dafür, dass das Produkt aus verantwortungsvoller Waldwirtschaft stammt. Und auf seinem Weg zum Konsumenten über die gesamte Verarbeitungs- und Handelskette nicht mit nicht-zertifiziertem, also nicht kontrolliertem, Holz oder Papier vermischt wurde. Produkte mit FSC®-Label sichern die Nutzung der Wälder gemäß den sozialen, ökonomischen und ökologischen Bedürfnissen heutiger und zukünftiger Generationen.

Inhaltsverzeichnis

Hallo, ich bin Judith.

Schön, dass du mein Kochbuch in den Händen hältst.

Es ist bereits mein drittes Buch – nach meinem ersten Kochbuch und dem Backbuch – und diesmal begleite ich dich mit einem 14-Tage-Plan für eine anti-entzündliche Ernährung.

Was du hier findest, ist mehr als Rezepte. Es ist ein Teil meines Weges zurück ins Leben. Ein Weg, der mit der Diagnose einer „unheilbaren" Blasenerkrankung begann – schmerzvoll, lähmend, und voller Zweifel. Die Schulmedizin gab mir wenig Hoffnung, doch ich gab mich nicht auf.

Durch viele Umwege, Enttäuschungen und intensive Recherche fand ich zur traditionellen chinesischen Medizin – und zur heilenden Kraft einer anti-entzündlichen Ernährung. Kein Zucker, kein Weizen, keine Milchprodukte – dafür Klarheit, neue Energie und Zuversicht.

Heute geht es mir gut. Nicht, weil ich Glück hatte, sondern weil ich mich entschieden habe, Verantwortung für meine Gesundheit zu übernehmen.

Dieses Kochbuch ist für alle, die spüren, dass Gesundheit kein Zufall ist – sondern ein täglicher Akt der Selbstliebe.

Das Prinzip der anti-entzündlichen Ernährung

Die **anti-entzündliche Ernährung** ist kein kurzfristiger Ernährungstrend, sondern eine tiefgreifende, ganzheitliche Ernährungsweise, die sich positiv auf die Gesundheit auswirken kann – und das auf vielen Ebenen. Sie zielt darauf ab, chronische Entzündungen im Körper zu reduzieren, die mit einer Vielzahl moderner Erkrankungen in Verbindung gebracht werden: Herz-Kreislauf-Erkrankungen, Diabetes Typ 2, rheumatische Beschwerden, Autoimmunerkrankungen, hormonelle Störungen – ja, selbst bestimmte Krebsarten.

Viele dieser Entzündungsprozesse verlaufen unbemerkt – still und schleichend – und werden deshalb oft erst erkannt, wenn bereits gesundheitliche Schäden entstanden sind. Die gute Nachricht: Unsere Ernährung hat direkten Einfluss auf diese Prozesse. Wir können mit jedem Bissen entweder **Entzündungen fördern** – oder sie **aktiv beruhigen**.

Entzündungshemmend statt entzündungsfördernd Welche Rolle spielt die Ernährung?

Die anti-entzündliche Ernährung setzt auf Lebensmittel mit natürlichen, entzündungshemmenden Eigenschaften – dazu gehören:

- Frisches Gemüse in großer Vielfalt
- Hochwertige pflanzliche Öle (z. B. Lein-, Oliven-, Hanföl)
- Wildfisch, Nüsse, Samen und Kräuter
- Fermentierte Produkte
- Ballaststoffreiche Lebensmittel
- Gewürze wie Kurkuma, Ingwer, Zimt

Gleichzeitig vermeidet sie Lebensmittel, die im Körper Entzündungsreaktionen begünstigen können. Dazu zählen:

- Zucker und dessen unterschiedliche Bezeichnungen (s. Liste Seite 15)
- Weizen
- Milchprodukte
- Stark verarbeitete Fertigprodukte
- Schweinefleisch
- Industriell verarbeitete Fette

Aus eigener Erfahrung
Warum mir diese Ernährung so am Herzen liegt

Ich selbst habe diesen Weg nicht aus Neugier beschritten, sondern aus einer tiefen gesundheitlichen Krise heraus. Die Diagnose einer „unheilbaren" Blasenerkrankung stellte mein Leben auf den Kopf. Nach Jahren der Schmerzmittel, Krankenhausaufenthalte und Enttäuschungen entschied ich mich, meinen Körper selbst zu verstehen und ihn aktiv zu unterstützen.

Ich erkannte, wie sehr unsere tägliche Ernährung mit inneren Entzündungen, Schmerzen und sogar dem seelischen Befinden zusammenhängt. Diese Erkenntnisse flossen bereits in mein **erstes Kochbuch** und später in mein **Backbuch** ein.

Nun, in meinem **dritten Buch**, begleite ich dich durch einen ganz konkreten **14-Tage-Plan**, der dir den Einstieg in die anti-entzündliche Ernährung leicht macht – mit einfachen, alltagstauglichen Rezepten, viel Genuss und ohne Verzicht.

Was dich in diesem Buch erwartet
Genussvoll essen – entzündungsfrei leben

Du findest in diesem Buch ausschließlich **Rezepte ohne Milchprodukte, Schweinefleisch, Weizen und zugesetztem Zucker** – aber voller Geschmack, Farbe, Aromen und Liebe zum Detail.

Diese Art zu essen ist keine Diät. Es ist eine **bewusste Entscheidung für deine Gesundheit**, für mehr Energie, Wohlbefinden und Klarheit. Eine Einladung, mit deinem Körper in Verbindung zu kommen und ihn als das zu sehen, was er ist: ein Wunderwerk, das sich regenerieren kann – wenn wir ihm die richtigen Bedingungen dafür schaffen.

Warum anti-entzündliche Ernährung?

In meinem ersten Kochbuch habe ich offen von meiner vermeintlich unheilbaren Krankheit erzählt – der interstitiellen Zystitis – und von meinem langen, schmerzhaften Weg zur Heilung. Was damals wie ein unüberwindbares Schicksal erschien, wurde zum Wendepunkt meines Lebens. Heute weiß ich: Gesundheit ist nicht Zufall, sondern das Ergebnis bewusster Entscheidungen – Tag für Tag.

Einer der kraftvollsten Schlüssel auf diesem Weg war für mich die **anti-entzündliche Ernährung**. Sie hat nicht nur meine Beschwerden gelindert, sondern mir geholfen, meinen Körper zu verstehen, mein Wohlbefinden grundlegend zu verbessern – und neues Vertrauen in meine eigene Kraft zu entwickeln.

Entzündung als Wurzel vieler Krankheiten

Jede chronische Erkrankung hat einen gemeinsamen Nenner: **Entzündung**. Ob Gelenkschmerzen, Hautprobleme, Verdauungsbeschwerden, hormonelle Dysbalancen oder psychische Belastungen – häufig liegt ihnen ein überaktives Immunsystem zugrunde, das gegen den eigenen Körper arbeitet.

Die **anti-entzündliche Ernährung** zielt darauf ab, diesen Zustand zu beruhigen, den Darm zu stärken und so den Körper wieder in Balance zu bringen. Sie ist keine Modeerscheinung, sondern eine wissenschaftlich fundierte Strategie zur Prävention und Regeneration.

Die Wahrheit über Zucker

Einer der größten Entzündungsförderer in unserer Ernährung ist **Zucker** – in all seinen versteckten Formen. Dass Zucker ungesund ist, wissen wir alle. Doch wie stark er den Körper tatsächlich belastet, ist vielen nicht bewusst:

1 **Darmflora & Immunsystem:** Zucker fördert das Wachstum schädlicher Bakterien im Darm und schwächt die Darmbarriere. So gelangen entzündungsfördernde Substanzen in den Körper.

2 **Viszerales Fett:** Übermäßiger Zuckerkonsum begünstigt Fettansammlungen um die inneren Organe, die entzündliche Botenstoffe freisetzen – ein Risikofaktor für viele chronische Erkrankungen.

3 **Blutzuckerspitzen & Insulinresistenz:** Zucker treibt den Blutzuckerspiegel in die Höhe. Auf Dauer kann dies zu Insulinresistenz führen – einer zentralen Ursache für Entzündungen und Typ-2-Diabetes.

Eine praktische Liste mit den vielen Namen von Zucker findest du auf Seite 15 damit du beim Einkauf den Überblick behältst.

Weizen – ein anderes Getreide als früher

Der heutige Weizen hat mit dem Getreide vergangener Generationen nur noch wenig gemein. Durch Züchtung wurde er ertragreicher – aber auch schwerer verdaulich. Viele Menschen reagieren sensibel auf die veränderten Glutenstrukturen oder die enthaltenen FODMAPs (Die Abkürzung FODMAP bezeichnet eine Gruppe von kurzkettigen Kohlenhydraten und Zuckeralkoholen, die im Weizen vermehrt vorkommen und bei einigen Menschen Verdauungsprobleme verursachen können).

Dinkel ist eine wunderbare Alternative. Als Spelzgetreide besitzt er eine natürliche Schutzhülle, die ihn robuster gegenüber Umwelteinflüssen macht. Zudem enthält Dinkel andere, oft besser verträgliche Glutenproteine und weniger FODMAPs – ein Segen für viele empfindliche Menschen.

Achte beim Einkauf jedoch darauf, keinen **Dinkelweizen** zu kaufen – eine Kreuzung mit modernem Weizen. Ich verwende ausschließlich **alte Dinkelsorten**, wie Oberkulmer Rotkorn, Ebners Rotkorn, Bauländer Spelz oder Roter Tiroler – Sorten, wie sie schon Hildegard von Bingen empfahl.

Milchprodukte – ein unterschätzter Reizfaktor?

Milch ist seit jeher ein umstrittenes Thema – nicht nur wegen Laktose, sondern auch wegen ihrer möglichen entzündungsfördernden Wirkung.

- Bei vielen Menschen kann der Körper durch Milchprodukte vermehrt Schleim, als Abwehrreaktion auf die Eiweiße, bilden.
- Sie kann die **Talgproduktion der Haut** steigern – ein möglicher Zusammenhang mit Akne ist wissenschaftlich gut dokumentiert.
- Für viele Menschen ist **Laktose** schwer verdaulich – oft ohne, dass sie es wissen.

Aus diesen Gründen verzichte ich bewusst auf Kuhmilchprodukte in meinen Rezepten. Du wirst überrascht sein, wie vielfältig, leicht und bekömmlich das Kochen auch ohne sie sein kann.

Frisch statt verarbeitet

Der wohl wichtigste Grundsatz der anti-entzündlichen Ernährung lautet: **Koche selbst.** Vermeide stark verarbeitete Lebensmittel, Fast Food, Wurstwaren und Frittiertes – sie alle belasten den Körper mit Zusatzstoffen, Transfetten und versteckten Zuckerarten.

Wenn du frisch kochst, bestimmst du selbst, was auf deinem Teller landet – und gibst deinem Körper die Chance, sich zu regenerieren. Bei veganem Frischkäse oder Reibekäse mache ich gelegentlich Ausnahmen.

Der Darm als Zentrum deiner Gesundheit

Wusstest du, dass **rund 80 % unserer Immunzellen im Darm sitzen**? Wenn es dem Darm gut geht, profitieren Haut, Hormone, Stoffwechsel und auch die Seele.

Ein gesunder Darm ist auf ein Gleichgewicht guter Darmbakterien angewiesen. Doch diese Bakterien sind wählerisch: Sie ernähren sich von dem, was du isst. Ein Übermaß an Zucker und Fertigprodukten füttert die „falschen“ Bakterien, die dann dafür sorgen, dass du dich nach mehr von genau diesen Lebensmitteln sehnst.

Verzichtest du jedoch für eine gewisse Zeit konsequent auf diese Auslöser, wirst du feststellen: Dein Verlangen verschwindet. Deine Energie steigt. Und du greifst intuitiv zu den Lebensmitteln, die dir wirklich guttun.

Fazit: Ernährung ist Selbstfürsorge

Dieser Überblick zeigt dir, **warum ich bestimmte Lebensmittel bewusst meide** – nicht aus dogmatischem Denken, sondern aus Erfahrung, Wissen und tiefem Respekt für meinen Körper. Seit ich mich so ernähre, hat sich nicht nur meine Gesundheit verbessert – auch mein Hautbild, meine Nägel, meine Energie und meine Lebensfreude haben sich deutlich verändert.

Zucker und Zuckeralternativen

Süß genießen – bewusst und gut informiert

Dass raffinierter Zucker der Gesundheit nicht zuträglich ist und süchtig machen kann, ist inzwischen weit bekannt. Doch die Lebensmittelindustrie arbeitet mit raffinierten Methoden, um Zucker in Produkten zu verstecken. Auf Verpackungen begegnet uns Zucker in vielen Formen – unter Namen wie Glukosesirup, Maltodextrin, Saccharose, Dextrose, Fruktose und vielen weiteren.

Um dir die Orientierung zu erleichtern, findest du in diesem Buch eine Übersicht mit den häufigsten Zuckerbezeichnungen – du wirst überrascht sein, wie lang die Liste ist. Allein durch den konsequenten Verzicht auf diese versteckten Zuckerarten konnte mein Mann 13 kg Gewicht verlieren und auch bei Freunden hat sich diese Umstellung deutlich positiv ausgewirkt.

Erst entwöhnen, dann ersetzen

Bevor du zu Zuckeralternativen greifst, empfehle ich dir, dein Süßempfinden grundsätzlich zu hinterfragen. Nach einer gewissen Umstellungszeit spürst du: Das Verlangen nach Süßem nimmt spürbar ab. Dein Geschmackssinn regeneriert sich und das Verlangen wird durch echtes Wohlbefinden ersetzt.

Erythrit – meine erste Wahl

Erythrit ist mein persönlicher Favorit unter den Zuckerersatzstoffen. Es ist kalorienfrei (0 kcal pro 100 g), gut verträglich und hat eine Süßkraft von etwa 70 % im Vergleich zu Haushaltszucker. Hergestellt wird Erythrit durch Fermentation von Traubenzucker mit Hilfe von Hefen oder Pilzen. Es wird insulinunabhängig verstoffwechselt und ist daher auch bei Diabetes und Fruktoseintoleranz geeignet.

Wichtig: Mehr ist nicht immer besser – zu hohe Mengen können einen leicht bitteren Nachgeschmack erzeugen und bei empfindlichen Personen Verdauungsbeschwerden auslösen. Bei Histaminintoleranz ist Erythrit nicht zu empfehlen.

Ich verwende Erythrit bewusst sparsam, meist nur **ein- bis dreimal pro Woche**, vor allem beim Backen oder für besondere Süßspeisen.

Stevia – süß, aber nicht für alle geeignet

Stevia ist ein weiteres beliebtes Süßungsmittel, das aus den Blättern der Stevia-Pflanze gewonnen wird. Es ist **kalorienfrei**, hat eine **extrem hohe Süßkraft** (200-450 % gegenüber Haushaltszucker) und eignet sich für Menschen mit **Fruktose-** oder **Histaminintoleranz**.

Trotzdem verwende ich Stevia nicht – aus persönlicher Erfahrung. Bei mir löst es Symptome aus, die einer Unterzuckerung ähneln, und stört sogar meinen Zyklus. Das könnte daran liegen, dass die extreme Süße dem Gehirn einen Zuckerschub signalisiert, ohne dass tatsächlich Zucker aufgenommen wird. Die Folge: Der Körper produziert Insulin, das nicht genutzt werden kann.

Das zeigt: **Auch natürliche Alternativen wirken nicht bei jedem gleich**. Höre auf deinen Körper, er gibt dir oft klare Hinweise.

Datteln – natürlich süß mit Mehrwert

Datteln enthalten zwar Fruktose und Glukose, doch im Gegensatz zu raffiniertem Zucker liefern sie **wertvolle Begleitstoffe**: Mineralien, Ballaststoffe, Vitamine und Antioxidantien.

Besonders beliebt sind **Medjool-Datteln** – sie sind größer, weicher und süßer als viele andere Sorten und haben ein Aroma, das an Karamell oder Honig erinnert. Durch ihre saftige, fast cremige Konsistenz eignen sie sich ideal zum Backen, für Energy Balls, Smoothies oder als Snack zwischendurch.

Ein weiterer Vorteil: Datteln haben einen **niedrigen glykämischen Index**, was bedeutet, dass sie den Blutzuckerspiegel langsamer ansteigen lassen als raffinierter Zucker. Auch sättigen sie durch ihre Ballaststoffe besser und länger.

Honig – das goldene Gut aus der Natur

Honig besteht hauptsächlich aus den Einfachzuckern Fruktose und Glukose, enthält aber zusätzlich **Enzyme, Antioxidantien und antibakterielle Substanzen**, die ihn zu einem wertvollen Naturprodukt machen – vorausgesetzt, er ist von hoher Qualität.

Viele Supermarkt-Honige sind stark erhitzt, um Kristallisieren zu verhindern – dabei gehen jedoch die gesundheitlich wirksamen Bestandteile weitgehend verloren. Ich empfehle regionalen Honig mit dem Siegel „Echter Deutscher Honig" oder direkt vom Imker. Roh-Honig enthält natürliche Bienenharze, die das Immunsystem unterstützen können.

Ich verwende Honig **bewusst und in Maßen** – als besonderes Lebensmittel, nicht als Ersatz für Zucker in großen Mengen. Für mich ist er ein Geschenk der Natur, das mit Achtsamkeit verwendet werden darf.

Tapiokasirup – mild, vielseitig und gut verträglich

Tapiokasirup ist ein natürlicher Süßstoff, der aus der Stärke der Maniokwurzel gewonnen wird. Er überzeugt durch seine **glatte Konsistenz**, seinen **milden, neutralen Geschmack** und eine Reihe von Vorteilen, die ihn besonders interessant für die bewusste, anti-entzündliche Küche machen.

Warum Tapiokasirup eine gute Alternative sein kann:

- **Zuckerärmer als viele andere Sirupe:** Je nach Herstellungsweise enthält Tapiokasirup deutlich weniger Zucker als herkömmliche Süßungsmittel – in manchen Varianten nahezu zuckerfrei.
- **Angenehme Textur beim Backen:** Seine sirupartige Konsistenz sorgt für saftige Backergebnisse und eine geschmeidige Teigstruktur – ganz ohne das Risiko der Überzuckerung.

- **Neutral im Geschmack:** Anders als Datteln oder Honig überlagert er den Eigengeschmack von Speisen nicht – perfekt für feine Aromen oder Vanillegebäck.
- **Vegan & glutenfrei:** Ideal für Menschen mit Unverträglichkeiten oder besonderen Ernährungsformen.
- **Blutzuckerfreundlich:** Einige Varianten weisen einen niedrigen glykämischen Index auf und lassen den Blutzuckerspiegel langsamer ansteigen als klassischer Haushaltszucker.

Tapiokasirup ist damit eine clevere Wahl für alle, die bewusst süßen möchten, ohne auf Textur, Natürlichkeit oder kulinarischen Genuss zu verzichten. Besonders in Rezepten, die eine sirupartige Konsistenz erfordern, zeigt er seine Stärken.

Fazit: Süß darf sein – aber mit Verstand

Zuckerersatzstoffe können helfen, den Zuckerkonsum zu reduzieren – doch sie sind keine Ausrede für übermäßigen Konsum. **Wichtig ist die bewusste Entscheidung, wie oft und in welchem Kontext gesüßt wird.** Dein Körper wird es dir danken – mit mehr Energie, besserer Verdauung, stabilerem Blutzucker und oft auch mit einem positiveren Körpergefühl.

Wähle achtsam, höre auf deine Bedürfnisse und entdecke, wie vielseitig süß auch natürlich sein kann.

Bezeichnungen für Zucker

- Agavendicksaft
- Ahornsirup
- Apfelsüße
- Dextrose
- Dicksaft
- Extrakte
- Fruchtsaftkonzentrat
- Fruchtzucker
- Fructose
- Gerstenmalz
- Glukose
- Glukosesirup
- Honig
- Invertzucker
- Joghurtpulver
- Karamell
- Kokosblütenzucker
- Laktose
- Magermilchpulver
- Maltodextrin
- Maltose
- Molkenpulver
- Oligofruktose
- Polydextrose
- Raffinade Zucker
- Raffinose
- Rohrzucker
- Rohrrohrzucker
- Saccharose
- Stärkesirup
- Traubensüße
- Traubenzucker
- Weizendextrin
- Zuckerrübensirup

Öle & Fette – die richtige Wahl für deine Gesundheit

Fette sind ein oft unterschätzter, aber essenzieller Bestandteil einer gesunden und anti-entzündlichen Ernährung. Besonders wichtig sind hier die sogenannten **essenziellen Fettsäuren** – also Fettsäuren, die der Körper nicht selbst herstellen kann und daher über die Nahrung aufnehmen muss. Die bekanntesten Vertreter sind **Omega-3-**, **Omega-6-** und **Omega-9-Fettsäuren**. Sie spielen eine zentrale Rolle für Zellgesundheit, Hormonbildung, Gehirnfunktion, Herz-Kreislauf-System und insbesondere bei der Regulation von Entzündungen.

Omega-3 – der Entzündungshemmer

Omega-3-Fettsäuren wirken nachweislich entzündungshemmend und haben eine positive Wirkung auf Herz, Gehirn, Haut und Immunsystem. Besonders hervorzuheben sind:

- **Alpha-Linolensäure (ALA)** – pflanzlich, z. B. in Leinsamen, Chiasamen und Walnüssen
- **Eicosapentaensäure (EPA)** und **Docosahexaensäure (DHA)** – vor allem sind sie in Meeresfischen, wie Lachs, Hering, Makrele, Sardelle sowie in Fisch- und Algenöl

Ein ausreichender Omega-3-Spiegel kann stille Entzündungen im Körper beruhigen und ist ein wichtiger Baustein jeder anti-entzündlichen Ernährung.

Omega-6 – wichtig, aber mit Maß

Omega-6-Fettsäuren sind ebenfalls essenziell, allerdings kann ein Übermaß in Relation zu Omega-3 entzündungsfördernd wirken. In unserer westlichen Ernährung ist dieses Verhältnis häufig stark verschoben – meist zu Ungunsten von Omega-3. Hauptquellen für Omega-6 sind:

- Sonnenblumen-, Mais- und Sojaöl
- verarbeitete Lebensmittel
- tierische Fette, insbesondere Schweinefleisch

Wichtig ist daher nicht der völlige Verzicht, sondern die **ausgewogene Balance** zwischen Omega-6 und Omega-3.

Omega-9 – für ein starkes Herz

Omega-9-Fettsäuren sind nicht essenziell, da der Körper sie selbst herstellen kann – dennoch bringen sie viele gesundheitliche Vorteile mit sich. Sie unterstützen die Herzgesundheit, senken den Cholesterinspiegel und können entzündungshemmend wirken. Gute Quellen für Omega-9 sind:

- **Olivenöl**
- **Avocadoöl**
- verschiedene Nüsse und Samen

Welches Öl für welche Anwendung?

Neben dem Fettsäureprofil spielt auch der **Rauchpunkt** eines Öls eine entscheidende Rolle. Dieser beschreibt die Temperatur, bei der ein Öl zu rauchen beginnt und dabei schädliche Verbindungen entstehen können. Zum Braten und Kochen bei hohen Temperaturen solltest du daher Öle mit hohem Rauchpunkt wählen. Empfohlene Öle für die Küche:

- **Avocadoöl**
  - sehr hoher Rauchpunkt (ca. 270°C)
  - reich an einfach ungesättigten Fettsäuren
  - enthält Vitamin E und sekundäre Pflanzenstoffe
- **Olivenöl (nativ extra)**
  - mittlerer Rauchpunkt (ca. 190 - 210°C)
  - enthält Polyphenole und Antioxidantien
  - bestens geeignet für schonendes Braten und Dünsten
- **Kokosöl**
  - Rauchpunkt ca. 175 °C
  - enthält mittelkettige Fettsäuren (MCTs) – wirken leicht verdaulich und entzündungshemmend
- **Desodoriertes Kokosöl**
  - hoher Rauchpunkt (200 - 230 °C): hitzestabil
  - neutraler Geschmack: überdeckt keine Aromen
  - länger haltbar als kaltgepresstes Öl
  - weniger schädliche Oxidationsprodukte beim Braten

Fazit: Qualität vor Quantität

Auch wenn hochwertige Öle gesundheitsförderlich sind, gilt: **Fette liefern viele Kalorien und sollten maßvoll eingesetzt werden.** Achte auf Vielfalt, wechsle regelmäßig zwischen verschiedenen Öltypen und **bevorzuge stets kaltgepresste, naturbelassene Öle in Bio-Qualität** für kalte Speisen. So profitierst du optimal von den unterschiedlichen Fettsäuren und schützt gleichzeitig deine Gesundheit.

Die richtige Wahl der Fette kann ein entscheidender Baustein auf dem Weg zu mehr Wohlbefinden, gesunder Zellfunktion und reduzierten Entzündungen sein und ist damit ein unverzichtbarer Bestandteil einer anti-entzündlichen Ernährung.

Schweinefleisch

Schweinefleisch enthält einen hohen Anteil an gesättigten Fetten und Arachidonsäure – eine Fettsäure, die im Körper entzündungsfördernde Prozesse anregen kann. Besonders bei Menschen mit chronischen Entzündungen, Gelenkbeschwerden oder Hautproblemen wirkt sich dies oft negativ aus. Hinzu kommt, dass industriell verarbeitetes Schweinefleisch (wie Wurstwaren) häufig stark gesalzen und mit Zusatzstoffen belastet ist, was Herz-Kreislauf-Erkrankungen und Entzündungen zusätzlich begünstigen kann. Wer Entzündungen entgegenwirken möchte, sollte Schweinefleisch daher nur selten oder gar nicht auf den Speiseplan setzen.

Pflanzenmilch – eine wertvolle Alternative

Pflanzenmilch erfreut sich wachsender Beliebtheit, vor allem bei Menschen, die sich antientzündlich ernähren möchten. Kuhmilch kann durch Laktose, Molkenproteine oder Rückstände aus der Tierhaltung belastend wirken und enthält zudem viele gesättigte Fettsäuren.

Bei Pflanzenmilch lohnt sich dennoch ein Blick auf die Nährwertangaben: Besonders Hafermilch weist durch Fermentation oft mehr Zucker auf, als es die Zutatenliste vermuten lässt. Auch Zusätze wie Stabilisatoren sollten möglichst vermieden werden. Bewährt haben sich Sorten wie **Mandel-**, **Kokos-** und **Cashewmilch**. Am besten probierst du verschiedene Varianten aus und achtest dabei stets auf kurze, saubere Zutatenlisten – so findest du die Milchalternative, die zu dir passt.

Bewusst einkaufen, lagern und verwerten

Täglich triffst du Entscheidungen, die nicht nur deine Gesundheit, sondern auch unsere Umwelt beeinflussen – insbesondere im Umgang mit Lebensmitteln. Ein nachhaltiger Lebensstil beginnt beim Einkauf, setzt sich in der richtigen Lagerung fort und zeigt sich in der bewussten Verwertung aller Vorräte. Im Folgenden erfährst du, wie du Lebensmittel gezielter nutzt, Abfälle vermeidest und deine Vorräte optimal organisierst.

Nachhaltig einkaufen – effizient und umweltbewusst

Regional und saisonal einkaufen:

Bevorzuge Obst und Gemüse aus der Region und der aktuellen Saison – idealerweise vom Wochenmarkt oder direkt vom Erzeuger. Das reduziert nicht nur Transportemissionen, sondern stärkt auch die lokale Landwirtschaft.

Bio-Produkte wählen:

Biologisch erzeugte Lebensmittel enthalten in der Regel weniger Rückstände von Pflanzenschutzmitteln und fördern eine ressourcenschonende, nachhaltige Landwirtschaft.

Verpackungsmüll reduzieren:

Greife nach Möglichkeit zu unverpackten Produkten. Verwende eigene Stoffbeutel, Mehrwegnetze oder wiederverwendbare Behälter, um Einwegplastik zu vermeiden.

Bedarfsgerecht planen:

Erstelle vor dem Einkauf eine Liste und kaufe gezielt nur das, was du tatsächlich benötigst. Lagere deine Lebensmittel nach dem Einkauf direkt luftdicht, um Schädlingsbefall zu verhindern und die Frische zu bewahren.

Lebensmittelabfälle reduzieren – kreativ und klug

Reste sinnvoll weiterverwenden:

Gemüseabschnitte, Kräuterstiele oder Brotreste lassen sich hervorragend für selbstgemachte Brühen, Croutons oder Pestos nutzen. Überreife Bananen ergeben perfekte Zutaten für Smoothies oder Bananenbrot.

Mindesthaltbarkeitsdatum richtig einschätzen:

Viele Produkte sind auch nach Ablauf des MHDs noch problemlos genießbar. Vertraue auf deine Sinne – Sehen, Riechen und Schmecken – statt auf das Datum allein.

Clever einfrieren:

Bereits gekochte Speisen, Brot, Käse oder frische Kräuter lassen sich ideal portionsweise einfrieren. So kannst du sie bei Bedarf einfach und frisch auf den Tisch bringen – ganz ohne Verschwendung.

Vorausschauend kochen (Meal Prep):

Eine strukturierte Wochenplanung hilft dabei, alle eingekauften Zutaten vollständig zu verwerten. So sparst du Zeit, vermeidest Spontankäufe und minimierst Lebensmittelreste.

Richtige Lagerung – Frische verlängern, Qualität erhalten

Gemüse und Kräuter:

Karotten bleiben länger frisch, wenn sie in einem Glas mit Wasser im Kühlschrank aufbewahrt werden. Frische Kräuter wie Petersilie oder Koriander halten sich besser in einem Glas Wasser mit leichtem Abdeckschutz im Kühlschrank.

Obst & empfindliche Produkte:

Reife Avocados lagert man am besten im Kühlschrank, während Tomaten ihren vollen Geschmack bei Zimmertemperatur entfalten. Frische Pilze gehören in eine Papiertüte – so können sie „atmen“ und verderben nicht so schnell.

Trockenvorräte sicher aufbewahren:

Mehl, Hülsenfrüchte, Reis, Nüsse oder Müsli sollten in gut verschlossenen Glas- oder Metallbehältern gelagert werden. So sind sie vor Feuchtigkeit, Licht und Schädlingen geschützt – und bleiben lange haltbar.

Weitere Tipps für effiziente Lagerung:

- Lagere Obst getrennt von anderen Lebensmitteln – viele Sorten geben Ethylen ab, das den Reifeprozess anderer Produkte beschleunigt.
- Organisiere deinen Vorrat nach dem Prinzip: **First in, first out** – ältere Lebensmittel sollten zuerst verbraucht werden.

Fazit:

Mit durchdachtem Einkauf, kreativer Resteverwertung und richtiger Lagerung kannst du nicht nur Müll vermeiden, sondern auch Geld sparen, Ressourcen schonen und die Qualität deiner Ernährung steigern. Nachhaltigkeit beginnt im Kleinen und wirkt im Großen. Mach's dir zur Gewohnheit: bewusst handeln, frisch genießen, achtsam leben.

Meal Prep: Gesund vorkochen

Meal Prep bedeutet, ganze Mahlzeiten oder einzelne Komponenten für mehrere Tage oder sogar eine ganze Woche im Voraus zuzubereiten. Das spart nicht nur Zeit und Stress im Alltag, sondern unterstützt dich auch dabei, dich konsequent **gesund und anti-entzündlich zu ernähren** – ohne jeden Tag in der Küche zu stehen.

Warum Meal Prep bei anti-entzündlicher Ernährung ideal ist:

- Du vermeidest spontane, ungesunde Entscheidungen.
- Du kannst gezielt entzündungshemmende Zutaten einplanen (wie Omega-3-reiche Lebensmittel, ballaststoffreiches Gemüse, wenig Zucker und gesunde Fette).
- Du hast immer eine ausgewogene, nährstoffreiche Mahlzeit griffbereit – egal wie voll der Tag ist.

Meal Prep Basics – Was du immer vorbereiten kannst

Komplexe Kohlenhydrate:

- *Quinoa, Hirse* – als Basis für Bowls, Currys oder Beilagen
- *Süßkartoffeln* – im Ofen gebacken oder in Würfeln gedämpft

Proteine:

- *Kichererbsen, Linsen, Tofu*
- Am besten mit Kurkuma, Ingwer oder Kreuzkümmel würzen

Gemüse – roh oder gegart:

- *Brokkoli, Spinat, Zucchini, Paprika, Karotten, Fenchel*
- Entweder gedämpft, gebraten oder roh vorbereitet

Frühstücks-Prep:

- *Overnight Oats* mit Haferflocken, ungesüßter Pflanzenmilch, Chiasamen, Beeren
- *Gekochte Eier* – ideal als Snack oder Topping

Gesunde Snacks:

- *Nüsse, Beeren, Gemüsesticks, Hummus, Apfelspalten mit Mandelmus*

Meal Prep Zeitplan – Dein Wochenrhythmus

Samstag

- Wochenplan schreiben, Einkaufsliste erstellen und einkaufen

Sonntag – der Grundstein

- Große Mengen an Basis-Zutaten vorkochen (z. B. Süßkartoffeln)
- Gemüse waschen, schneiden, garen
- Proteine vorbereiten
- Snacks & Frühstück vorbereiten

Mittwoch/Donnerstag – Frische auffrischen

- Frisches Gemüse oder Obst nachkaufen
- Suppen oder Salate im Glas vorbereiten
- Neue Gewürzvariationen oder Soßen einbauen

Täglich – Einfach genießen

- Eine vorbereitete Mahlzeit aus dem Kühlschrank holen
- Nach Belieben mit frischen Kräutern oder Soßen verfeinern
- Kein Stress, kein Rätselraten – du bist versorgt!

Mehr Abwechslung gefällig?

Würze macht den Unterschied:

Verändere wöchentlich die Gewürzkombinationen, z. B. orientalisch mit Kurkuma & Zimt, mediterran mit Oregano & Thymian, oder asiatisch mit Ingwer & Chili.

Hausgemachte Soßen:

- Avocado-Zitronen-Dressing, Tahini-Kräuter-Soße oder Joghurt-Knoblauch-Dip
- Alle Soßen sind in wenigen Minuten gemacht – vielseitig im Geschmack und vollgepackt mit Nährstoffen.

Im Rezeptteil ab Seite 42 findest du deinen 14-Tage-Plan zur anti-entzündliche Ernährung – nachhaltig, lecker und alltagstauglich.

Wer ins Meal Prep einsteigen möchte, für den habe ich ab Seite 30 Rezepte, die sich perfekt vorbereiten lassen und dir unter der Woche gute Dienste leisten.

So sieht meine Vorratskammer aus

Diese Vorratsliste bildet das Fundament für eine **bewusste, nährstoffreiche und entzündungshemmende Ernährung** – perfekt vorbereitet für deinen 14-Tage-Plan und darüber hinaus.

Tipps für die Vorratsorganisation

- Verwende verschließbare Glasbehälter zur Aufbewahrung. Sie halten Lebensmittel länger frisch, schützen vor Schädlingen und ermöglichen dir einen schnellen Überblick.
- Lagere ältere Vorräte vorne, neu gekaufte hinten. So behältst du die Übersicht und vermeidest Verschwendung.
- Beschrifte Gläser oder Boxen mit Datum und Inhalt – besonders bei selbst gemachten Mischungen oder geöffneten Packungen.

Grundnahrungsmittel & Trockenwaren

- Vollkornreis (z. B. Naturreis, schwarzer Reis), Basmatireis
- Hirse
- Quinoa
- Buchweizen
- Dinkel (nur alte Sorten wie Oberkulmer Rotkorn, Ebners Rotkorn etc.)
- Haferflocken (glutenfrei, wenn nötig)
- Hülsenfrüchte (getrocknet oder in Gläsern/Dosen):
  - Kichererbsen
  - Linsen (rot, braun, grün, Belugalinsen)
  - Schwarze Bohnen, Kidneybohnen
- Vollkornnudeln aus Dinkel, Linsen, Buchweizen o. Ä.
- Kokosmehl, Mandelmehl

Sonstige Vorräte

- Kokosmilch (ohne Zusatzstoffe)
- Tomaten (geschält, gestückelt, im Glas)
- Gemüsebrühe (zuckerfrei, hefefrei oder selbstgemacht)
- Apfelessig (naturtrüb, unpasteurisiert)
- Tamari oder Kokos-Aminos (als sojafreie Alternative)
- Senf (ohne Zuckerzusatz)

Nüsse, Samen & Kerne

- Walnüsse (reich an Omega-3)
- Mandeln
- Cashewkerne
- Chiasamen
- Leinsamen (geschrotet oder ganz)
- Sonnenblumenkerne
- Kürbiskerne
- Sesam (auch als Tahin)

Öle & Fette

- Natives Olivenöl extra
- Avocadoöl
- Kokosöl & Kokosöl desodiert
- Leinöl (im Kühlschrank lagern, nicht erhitzen)
- Nussmuse (z. B. Mandelmus, Cashewmus)
- Sesam (auch als Tahin)

Tiefkühlprodukte (für schnelle Gerichte)

- Tiefgefrorenes Bio-Gemüse (z. B. Brokkoli, Spinat, Erbsen)
- Beeren (z. B. Blaubeeren, Himbeeren)
- Wildlachs
- Kräuter (z. B. Petersilie, Dill, Basilikum)
- Senf (ohne Zuckerzusatz)

Gewürze & Kräuter (entzündungshemmend)

- Kurkuma
- Ingwer (getrocknet oder als Pulver)
- Zimt
- Kreuzkümmel
- Paprika (edelsüß, geräuchert)
- Knoblauch (getrocknet oder frisch)
- Basilikum
- Oregano
- Rosmarin
- Thymian
- Cayennepfeffer
- Schwarzer Pfeffer
- Himalayasalz oder Meersalz
- Sonnenblumenkerne
- Kürbiskerne
- Sesam (auch als Tahin)

Süßungsmittel & Alternativen

- Erythrit
- Datteln (am besten Medjool-Datteln)
- Tapiokasirup
- Honig (roh, regional, unbehandelt, in Maßen)
- Zimt, Vanillepulver (echte Vanille)
- Kakao (roh)
- Nussmuse (z. B. Mandelmus, Cashewmus)
- Sesam (auch als Tahin)

Getränke

- Stilles Wasser oder gefiltertes Leitungswasser
- Ungesüßte Kräutertees (z. B. Kamille, Fenchel, Brennnessel)
- Grüner Tee, Ingwertee
- Pflanzendrinks ohne Zucker (z. B. Hafer, Mandel oder Kokos)

Einkaufslisten für den 14-Tage-Plan

In den Einkaufslisten auf den nächsten Seiten sind die Meal-Prep-Rezepte nicht berücksichtigt, da sie nicht zum eigentlichen Plan gehören. Ich würde dir aber empfehlen, zumindest das **Karottenbrot** und die **Granola Macadamia Bites** zuzubereiten. Diese ergänzen einige Rezepte perfekt und sind ein guter Snack für alle Fälle.

Mengenangaben - wichtig zu wissen

Der 14-Tage-Plan soll dir einen einfachen Einstieg in die anti-entzündliche Ernährung bieten. Die Mengenangaben für alle Rezepte in diesem Buch beziehen sich auf **eine Portion**, sofern nichts anderes dabeisteht. Jedoch dienen die Portionsangaben lediglich der **Orientierung** und liefern keine angepasste Berechnung deines **individuellen Kalorienbedarfs**. Dieser hängt von vielen Faktoren wie Alter, Geschlecht, Körpergewicht, täglichem Aktivitätslevel etc. ab. Aus diesem Grund ist es nicht möglich, in einem allgemeinen Plan eine „richtige" Kalorienmenge für alle festzulegen.

Hinweise zu den Snacks

Die im Plan enthaltenen Snacks sind in erster Linie für Menschen gedacht, die sich viel bewegen oder einen aktiven Alltag haben. Durch zusätzliche körperliche Aktivität steigt der Energie- und Nährstoffbedarf – der Snack gleicht diesen Mehrbedarf aus und unterstützt dabei, die Leistungsfähigkeit und Regeneration zu fördern. Wer hingegen einen eher ruhigen Tag verbringt oder sein Kalorienziel niedriger halten möchte, kann die Snacks weglassen oder nur bei Bedarf einbauen. Auf diese Weise bleibt der Plan flexibel und individuell anpassbar, ohne die anti-entzündliche Wirkung der Ernährung zu beeinträchtigen.

Die Lebensmittel, die für die Snacks benötigt werden, sind in der Einkaufsliste komplett berücksichtigt.

Gliederung der Einkaufsliste

Die Einkaufsliste ist grob in folgende Kategorien unterteilt und umfasst die gesamten 14 Tage:

- Unter der Überschrift Vorrat sind alle Lebensmittel aufgeführt, die länger haltbar sind und die gleich zu Beginn für **die gesamten zwei Wochen** eingekauft werden können.
- Anschließend findest du die Gewürze. Ich nehme an, dass du die meisten schon zu Hause hast. Da jedes Gewürz in üblichen Mengen verwendet wird, habe ich auf Mengenangaben in der Einkaufsliste verzichtet.
- Die Kategorie Frisch enthält Zutaten, wie z. B. Gurken, Ananas oder Salate, die sich im Kühlschrank schon einige Tage halten, aber frisch besser schmecken.
  Eine spezielle Rubrik ist Verderblich. Lebensmittel wie Fisch, der sofern er nicht gefroren ist, gern noch am selben, aber spätestens am darauffolgenden Tag zubereitet werden sollte, sind hier aufgelistet. Diese sollten zeitnah zum Verzehr eingekauft werden. Deshalb steht bei diesen Produkten neben der Woche auch der Tag, an dem das Rezept im Plan auftaucht.
- Für einige Lebensmittel habe ich bewusst die Tiefkühlvariante gewählt, um Verschwendung zu vermeiden, z. B. bei Lauch oder Brokkoli. Die Portionsgröße für eine Person und die Tatsache, dass man nicht immer das Gleiche essen möchte, machen das notwendig. Wenn du gleich für mehrere Personen kochst, kannst du die Lebensmittel auch frisch kaufen.
- In den Einkaufslisten sind stets die exakten Mengen angegeben, manchmal auch nur eine halbe Zitrone, weil du diese vielleicht ja noch zu Hause hast.

Vorrat

Haltbare Lebensmittel

- ○ Ajvar, 1 EL
- ○ Apfelessig 65 ml
- ○ Backpulver, 2 TL
- ○ Basmatireis, 270 g
- ○ Cashewkerne, ungesalzen, 180 g
- ○ Cashewmus, 90 g
- ○ Chiasamen, 44 g
- ○ Currypaste, rot, 1 TL
- ○ Dinkelmehl Type 630, 175 g
- ○ Dinkelvollkornmehl, 60 g
- ○ Erdnussbutter, cremig, 100 g
- ○ Erdnussmus, 5 g
- ○ Erythrit, 658 g
- ○ Gewürzgurke, 1 Stück
- ○ Glasnudeln, 50 g
- ○ Gojibeeren, 1 EL
- ○ Haferflocken, zart, 345 g
- ○ Hefeflocken, 18 g
- ○ Himbeeren, gefriergetrocknet, 32 g
- ○ Hirse, 65 g
- ○ Hirseflocken, 300 g
- ○ Honig, 114 g
- ○ Instant Kaffee, 6 g
- ○ Kakao, ungesüßt, 15 g
- ○ Kakaobutter, 200 g
- ○ Kakaopulver, ungesüßt, 4 El

Haltbare Lebensmittel

- Kapern, 2 EL
- Ketchup, zuckerfrei, 1 TL
- Kichererbsen, Glas, 350 g
- Kidneybohnen, 100 g
- Kokosmilch, 385 ml
- Kokosmus, 120 g
- Kokosöl, 50 g
- Kokosraspeln, 60 g
- Kokoswasser, 200 ml
- Leinöl, 1 TL
- Leinsamen, ganz, 20 g
- Leinsamen, geschrotet, 13 g, (Leinsamen kann man auch im Mixer schroten, dann reicht Leinsamen, ganz)
- Linsen, rot, 70 g
- Linsen, rot, halbiert, 150 g
- Linsenwaffeln, 3 Stück
- Maca-Pulver, 1 EL
- Mandelmehl, 20 g
- Mandeln, gemahlen, 1 EL
- Medjool-Datteln, 11 Stück
- Noriblätter, 2 Stück
- Nudeln, z. B. Spirelli aus Emmer oder Dinkel, alternativ Vollkorn, 350 g
- Olivenöl, nativ, 150 ml
- Pflanzenmilch, Sorte nach Geschmack, z. B. Mandelmilch, Cashewmilch, 2,7 Liter

Haltbare Lebensmittel

- Pinienkerne, 20 g
- Pistazienmus, 1 TL
- Proteinpulver, vegan, ungesüßt, 3 EL
- Pudererythrit, 40 g
- Reisnudeln, Vollkorn, 80 g
- Reispapier, 10 Blätter
- Reispops, 1 TL
- Riesenbohnen, 150 g
- Rote-Beete-Pulver, 1 TL
- Schokodrops, 30 g
- Schoko-Kekse, zuckerfrei, 30 g
- Schokolade, vegan, zuckerfrei, 100 g
- Schokolade, vegan, zuckerfrei, weiß, 60 g
- Sesam, schwarz, 1 EL
- Sesamöl
- Suppengewürz, 2 TL
- Sushireis, 150 g
- Tamari, 160 ml
- Tapiokasirup, 110 ml
- Thunfisch, Dose, 100 g
- Tomaten, stückig, 450 g
- Tomaten, passiert, 50 ml
- Tomaten, getrocknet, 2 Stück
- Tomatenmark, 1 EL
- Vanille, gemahlen, 3 Pck.
- Walnüsse, 66 g

Tiefkühlwaren

- Beeren, gemischt, 680 g
- Brokkoli, 90 g
- Erbsen, 30 g
- Erdbeeren, 270 g
- Garnelen, geschält, 100 g
- Himbeeren*, 50 g
- Lauch, 1/4 Stange
- Mango*, 100 g
- Wildheidelbeeren*, 50 g

*Du kannst die Früchte und Beeren auch frisch kaufen.

Frisch: Woche 1

Gewürze

- ○ Cajun-Gewürzmischung
- ○ Chiliflocken
- ○ Currypulver
- ○ Dill
- ○ Garam Masala
- ○ Gemüsebrühe
- ○ Kebab-Gewürzmischung*
- ○ Knoblauchgranulat
- ○ Kreuzkümmel
- ○ Kurkuma
- ○ Meersalz
- ○ Oregano
- ○ Paprikapulver, edelsüß
- ○ Paprikapulver, geräuchert
- ○ Suppengewürz
- ○ Schwarzer Pfeffer
- ○ Zimt

*Wenn du die Kebab-Gewürzmischung nicht kaufen möchtest, kannst du dir auch selbst eine Mischung aus Paprika edelsüß, Knoblauchgranulat, Kurkuma und Kreuzkümmel herstellen.

Obst und Gemüse

- ○ Ananas, 150 g
- ○ Apfel, 3 Stück
- ○ Aubergine, 1 Stück
- ○ Avocado, 2 Stück
- ○ Banane, 3½ Stück
- ○ Basilikum, 30 g
- ○ Feldsalat, Ruccola, 50 g
- ○ Frühlingszwiebel, 1 Stück
- ○ Ingwer, 1 großes Stück
- ○ Karotte, 4 Stück
- ○ Kartoffel, 3 Stück
- ○ Knoblauch, 1 Knolle
- ○ Limette, ¼ Stück
- ○ Paprika, rot, 1½ Stück
- ○ Petersilie, 30 g
- ○ Pfirsich, 1 Stück
- ○ Radieschen, 4 Stück
- ○ Rote Beete, vorgekocht, 2 Stück
- ○ Spinat, 30 g
- ○ Salat, 50 g
- ○ Salatgurke, 2½ Stück
- ○ Spinat, 30 g
- ○ Staudensellerie, 3 Stangen
- ○ Süßkartoffel, 1 Stück
- ○ Tomate, 5 Stück
- ○ Zitrone, Bio, 1 Stück
- ○ Zwiebel, weiß, 3¼ Stück
- ○ Zwiebel, rot, 1 Stück

Kühl- und Tiefkühlwaren

- ○ Butter, vegan, 15 g
- ○ Eier, 4 Stück
- ○ Frischkäse, pflanzlich, 100 g
- ○ Kokosjoghurt, ungesüßt, 200 g
- ○ Reibekäse, vegan, 20 g
- ○ Rinderschinken, 1 Scheibe
- ○ Sojajoghurt, ungesüßt 100 g
- ○ Tofu, geräuchert, 220 g
- ○ Tofu, natur, 100 g

Verderblich

- ○ Hähnchenbrustfilet, 150 g Tag 1 Abendessen
- ○ Lachsfilet, ohne Haut, 100 g - Tag 3 Mittagessen
- ○ Hähnchenbrustfilet, 150 g - 200 g Tag 5 Abendessen

Backwaren und Sonstiges

- ○ Brot, z. B. Sauerteigbrot kaufen oder das Karottenbrot von Seite 33 backen. Die Zutaten dafür musst du dann noch hinzufügen.
- ○ Vegane Sahne (z. B. Kokos), ohne Zusätze, 60 g

Frisch: Woche 2

Obst und Gemüse

- ○ Ananas, 150 g
- ○ Apfel, 2 Stück
- ○ Avocado, 1½ Stück
- ○ Champignons, weiß, 150 g
- ○ Beeren od. andere Früchte als Topping, 120 g
- ○ Erdbeeren, 100 g
- ○ Karotte, 2 Stück
- ○ Knoblauch, 5 Zehen, vielleicht übrig von Vorwoche
- ○ Kräuter, frisch, 1 Bund/Topf
- ○ Limette, ½ Stück
- ○ Paprika, rot, 2 Stück
- ○ Petersilie, 30 g
- ○ Radieschen, 1 Stück
- ○ Rotkohl, ¼ Kopf
- ○ Spinat, 30 g
- ○ Blattsalat, 70 g
- ○ Salatgurke, 3¼
- ○ Salbeiblätter, 5 Stück
- ○ Süßkartoffel, 1 Stück
- ○ Tomate, 3 Stück
- ○ Zitrone, Bio, 1 Stück
- ○ Zwiebel, weiß, 3 Stück
- ○ Zwiebel, rot, 2 Stück

Kühl- und Tiefkühlwaren

- ○ Eier, 1 Stück
- ○ Hack, vegan, 150 g
- ○ Hefe, frisch, ⅓ Würfel
- ○ Kokosjoghurt, ungesüßt, 710 g
- ○ Sojajoghurt, ungesüßt, 80 g

Verderblich

- ○ Hähnchenbrustfilet, 150 g Tag 8 Abendessen
- ○ Wildräucherlachs, 50 g Tag 13 Abendessen

Backwaren und Sonstiges

- ○ Edamame, 50 g
- ○ Vegane Sahne (z. B. Kokos), 100 g

Die Einkaufsliste kannst du auch über die Homepage des BILDNER Verlags unter **bildnerverlag.com/100747** herunterladen. Klicke auf der Seite auf *Downloads*.

Meal Prep

Wer vorsorgt, bleibt entspannt satt.

Der beste Plan scheitert, wenn man nicht auf alle Möglichkeiten vorbereitet ist. Was tun, wenn die Zeit zum Kochen fehlt, wenn man kurzfristig einen Termin wahrnehmen muss, der Hunger zuschlägt oder man einfach keine Energie mehr hat. Hier helfen ein paar Rezepte, die sich toll vorbereiten lassen!

Inhaltsverzeichnis

Glutenfreies Karottenbrot

Dieses Brot esse ich, wenn ich den Darm in Schwung bringen möchte. Das Karottenbrot kannst du leicht vorbereiten und mit dem Aufstrich von Seite 47 oder Seite 55 wird es schnell zu einer vollwertigen Mahlzeit.

1 Backofen auf **200 °C Ober-/Unterhitze** vorheizen.

2 Hirse und Haferflocken im Hochleistungsmixer oder Food Processor zu feinem Mehl mahlen.

3 Mehl zur Seite stellen. Dann die Karotten grob zerkleinern und im Mixer zu feinen Stücken verarbeiten.

4 Alle Zutaten – Mehl, Karotten, Salz, Leinsamen, Flohsamenschalen, Kürbiskerne, Backpulver und Wasser – in einer großen Schüssel gründlich vermengen.

5 Eine kleine rechteckige Kastenform mit Backpapier auslegen oder gut einfetten. Den Teig in die Form füllen und glattstreichen.

6 Das Brot im Ofen **40 Minuten** bei **200 °C** backen. Anschließend die Temperatur auf **180 °C** reduzieren und weitere **35 Minuten** fertig backen.

7 Das Brot vollständig auskühlen lassen, bevor du es anschneidest – so bleibt es schön kompakt.

Zutaten für ein kleines Kastenbrot ca. 6 - 8 Portionen

250 g Hirse

250 g zarte Haferflocken

200 g Bio-Karotten, ungeschält

2 TL Meersalz

50 g Leinsamen, ganz

30 g Flohsamenschalen

30 g Kürbiskerne

1 Päckchen Reinweinstein-Backpulver

550 g Wasser

Tipp

Bewahre das Brot im Kühlschrank auf – es ist durch die Karotten sehr saftig und bleibt dort länger frisch. Du kannst es auch portionsweise einfrieren und bei Bedarf toasten.

Leinsamen selbst schroten: Wer nur ganze Leinsamen zu Hause hat, kann sie in einem kleinen Mixer, in einer Kaffeemühle oder im Mörser selbst schroten.

Granola Macadamia Bites

Granola Bites esse ich, wenn ich gestresst bin. Knusprig, nussig und natürlich gesüßt sind sie ein perfekter Snack für unterwegs oder ein ballaststoffreiches Frühstückstopping.

1 Backofen auf **160 °C Ober-/Unterhitze** vorheizen.

2 Alle trockenen Zutaten – Haferflocken, Nüsse, Kerne, Leinsamen, Zimt und Salz – in einer großen Schüssel gut vermengen.

3 In einem kleinen Topf Kokosöl, Honig und Vanille bei mittlerer Hitze langsam erwärmen, bis alles geschmolzen und gut vermischt ist. Nicht kochen!

4 Die warme Honigmischung über die trockenen Zutaten gießen und gründlich vermengen, bis alles gleichmäßig benetzt ist.

5 Die Masse auf zwei mit Backpapier ausgelegte Backbleche verteilen und leicht andrücken.

6 **30 Minuten** backen, dabei nach der Hälfte der Zeit einmal vorsichtig wenden, damit das Granola gleichmäßig bräunt.

7 Sobald die Masse goldbraun ist, aus dem Ofen nehmen und vollständig auskühlen lassen; erst dann lässt sie sich in Stücke brechen, ohne ganz zu zerfallen.

Zutaten für ca. 2 Bleche

200 g zarte Haferflocken

160 g Macadamianüsse, grob gehackt

100 g Walnüsse, grob gehackt

100 g Cashewkerne (ungewürzt, ungesalzen), gehackt

100 g Kürbiskerne, gehackt

160 g Mandeln, gehackt

3 EL Leinsamen, geschrotet

1 EL Zimt

¾ TL Meersalz

20 g Kokosöl (desodoriert oder nativ, je nach Geschmack)

350 g Honig (idealerweise naturbelassen)

1 TL gemahlene Vanille

Tipp

Je nach gewünschter Konsistenz kannst du die Masse vor dem Backen fester zusammendrücken, um große Bites zu erhalten oder lockerer verteilen, wenn du lieber knuspriges Granola möchtest.
Bewahre Granola in luftdicht verschlossenen Einmachgläsern bei Zimmertemperatur auf.

Bananenbrot
mit Zartbitterschokolade

Saftig, natürlich süß und ganz ohne raffinierten Zucker – ein Klassiker in gesunder Form. Dieses Bananenbrot nehme ich mit, wenn ich unterwegs bin.

1 Backofen auf **180 °C Ober-/Unterhitze** vorheizen. Eine Kastenform mit Backpapier auslegen oder gut einfetten.

2 Alle Zutaten – außer der Schokolade – in einen Mixer oder Food Processor geben und zu einem glatten Teig verarbeiten.

3 Die Schokolade grob hacken oder Schokodrops verwenden und zum Schluss unter den Teig heben.

4 Teig in die vorbereitete Form füllen, glattstreichen und **ca. 45 Minuten** backen.

5 Stäbchenprobe machen: Kommt ein Zahnstocher sauber ohne Teigreste heraus, ist das Bananenbrot fertig.

6 Das Bananenbrot vollständig abkühlen lassen und es dann aus der Form nehmen. Jetzt kannst Du eine Scheibe genießen und den Rest im Kühlschrank aufbewahren.

Zutaten für 1 Kastenform

250 g Dinkelvollkornmehl

1 Päckchen Backpulver

1 TL Zimt

½ TL gemahlene Vanille

ca. 280–300 g sehr reife Bananen (etwa 3 Stück)

30 g Kokosöl (geschmolzen)

80 g Mandelmus

1 EL Apfelessig

100 g Apfelmark (ungesüßt)

80 g Erythrit (optional, je nach Reifegrad der Bananen)

100 g vegane Zartbitterschokolade (zuckerfrei, gehackt oder als Drops)

Tipp

Je reifer die Bananen, desto süßer das Ergebnis – häufig ist dann kein zusätzliches Erythrit nötig. Für eine nussfreie Variante kannst du das Mandelmus durch Sonnenblumenkernmus ersetzen.

Cremige
Paprika-Fleischbällchen

Das ist mein Wohlfühlgericht für die ganze Familie. Zusammen mit der Paprika-Tomaten-Soße lassen sich die Fleischbällchen auch toll portionsweise einfrieren und schnell aufwärmen, wenn mal keine Zeit zum Kochen ist.

1 Hackfleisch mit Knoblauch, Paprikapulver, Salz und Petersilie in einer Schüssel vermengen. Aus der Masse kleine Bällchen formen (etwa in der Größe eines 50-Cent-Stücks).

2 Die Bällchen in einer großen Pfanne bei mittlerer Hitze rundum anbraten, bis sie goldbraun sind. Aus der Pfanne nehmen und beiseitestellen.

3 In derselben Pfanne die Zwiebeln in etwas Öl glasig bis leicht karamellisiert anbraten. Paprikapulver, Oregano und Salz hinzufügen und kurz mitrösten, bis es duftet.

4 Brühe, passierte Tomaten und Kokoscreme dazugeben und gut vermengen. Bei niedriger bis mittlerer Hitze und geschlossenem Deckel etwa 5 Minuten köcheln lassen.

5 Deckel abnehmen und weitere 5 - 10 Minuten leicht köcheln, bis die Soße eine cremige Konsistenz erreicht.

6 Den Herd ausschalten, den Grünkohl unterheben und kurz ziehen lassen, bis er weich, aber noch leuchtend grün ist.

7 Nach Belieben mit frisch gehackter Petersilie oder etwas (veganem) Parmesan bestreuen. Passt hervorragend zu Kartoffelpüree, Reis oder auch Quinoa.

Tipp

Wer es schärfer mag, kann etwas Chili oder geräuchertes Paprikapulver „scharf“ ergänzen. Für eine vegane Variante können die Fleischbällchen durch Linsenbällchen oder gebratene Pilze ersetzt werden.

Zutaten für 3 - 4 Portionen

Fleischbällchen:

500 g Rinderhackfleisch

6 Knoblauchzehen, fein gehackt

1 EL geräuchertes Paprikapulver

1 TL Meersalz (die Soße ist bereits würzig)

Frische Petersilie, fein gehackt

Paprika-Tomaten-Soße:

1 Zwiebel, fein gewürfelt

1 EL Paprikapulver (edelsüß oder geräuchert)

1 Zweig frischer Oregano oder 1 TL getrockneter

Meersalz nach Geschmack

150 ml Tasse Gemüse- oder Rinderbrühe

150 ml Tasse Kokoscreme (nicht Kokosmilch – für cremige Konsistenz)

150 ml Tasse passierte Tomaten

1 Handvoll Grünkohl, fein geschnitten, Stiele entfernt (ca. 30 g)

Blaubeer-Kokos-Schnitten

Die Schnitten lassen sich gut vorbereiten und eignen sich auch ideal zum Einfrieren. Luftdicht verpackt bleiben sie im Kühlschrank mehrere Tage frisch – perfekt für Meal Prep oder Gäste.

1. Backofen auf **200 °C Ober-/Unterhitze** vorheizen.
2. Für den Teig: Kokosmehl, Haferflocken, Mandeln, Backpulver, Erythrit, vegane Butter, Vanille und Salz in einer Schüssel gut vermengen, bis eine streuselige Masse entsteht.
3. Eine rechteckige Backform (ca. 18 × 26 cm) mit Backpapier auslegen oder leicht einfetten.
4. Etwa 4/5 der Streuselmasse in die Form geben und gut am Boden andrücken. Den Rest für das Topping beiseitestellen.
5. Für die Füllung: Blaubeeren mit Zitronensaft, Erythrit, optionalem Sirup und Zitronenabrieb in einem kleinen Topf 3 - 4 Minuten leicht köcheln lassen.
6. Stärke einrühren und kurz weiterköcheln, bis die Masse sämig andickt.
7. Die Blaubeermasse gleichmäßig auf dem vorbereiteten Boden verteilen.
8. Übrige Streusel locker über die Füllung streuen.
9. Im vorgeheizten Ofen ca. **30 - 35 Minuten** backen. Bei Bedarf nach der Hälfte der Zeit locker mit Alufolie abdecken, damit das Topping nicht zu dunkel wird.
10. Vollständig auskühlen lassen, dann in Stücke oder Riegel schneiden.

Zutaten für 10 - 12 Schnitten

Zutaten für den Boden & Streuselteig

80 g Kokosmehl

40 g zarte Haferflocken

80 g gemahlene Mandeln

½ TL Backpulver

80 g Erythrit

60 g vegane Butter oder Kokosöl

¼ TL gemahlene Vanille

1 gute Prise Meersalz

Zutaten für die Blaubeer-Füllung:

180 g Wildheidelbeeren (frisch oder TK, ungesüßt)

4 TL Zitronensaft

40 g Erythrit

4 TL Ahornsirup oder Kokosblütensirup (optional, für mehr Aroma)

1 TL Bio-Zitronenabrieb

4 leicht gehäufte TL Pfeilwurzelstärke oder 1 gehäufter EL Tapiokastärke

Woche 1

Inhaltsverzeichnis

Apple Cinnamon Porridge

Tag 1

Ein warmes Frühstück für einen energiereichen Start in den Tag.

1 Den Backofen auf **170°C Ober-/Unterhitze** vorheizen.

2 Den Apfel schälen, entkernen und in grobe Stücke schneiden.

3 Apfelstücke zusammen mit Haferflocken, Zimt, Vanille, Cashewmus, Pflanzenmilch und Backpulver in einem Mixer glatt pürieren.

4 Die Masse in eine kleine, ofenfeste Form (z. B. eine Pasteten- oder Auflaufform) füllen und gleichmäßig mit Schokodrops bestreuen.

5 Im vorgeheizten Ofen etwa **30 Minuten** backen, bis die Oberfläche leicht gebräunt ist und das Porridge fest geworden ist.

Zutaten

1 kleiner süßer Apfel

50 g zarte Haferflocken

2 TL Zimt

½ TL gemahlene Vanille

2 TL Cashewmus (alternativ Mandelmus)

80 ml Pflanzenmilch

1 TL Reinweinstein-Backpulver

Eine kleine Handvoll zuckerfreie vegane Schokodrops (ca. 30 g)

Tipp

Für eine kernigere Konsistenz den Apfel fein würfeln und die Zutaten per Hand vermengen, statt sie zu mixen. Diese Variante bewahrt mehr Textur und verleiht dem Frühstück einen rustikaleren Charakter.

Tag 1

Pink Hummus

Leuchtend, cremig, nährstoffreich – ein Klassiker mit farbigem Twist.

1 Kichererbsen in ein Sieb geben, gründlich abspülen und gut abtropfen lassen.

2 Rote Bete grob zerkleinern. Knoblauch schälen.

3 Alle Zutaten zusammen mit Zitronensaft und -schale in einen leistungsstarken Mixer geben. So lange pürieren, bis eine glatte, cremige Masse entsteht.

4 Falls notwendig, löffelweise Wasser hinzufügen, um die gewünschte Konsistenz zu erreichen.

5 Den fertigen Hummus in eine Schale füllen, nach Belieben mit Olivenöl beträufeln und z. B. mit Gemüsesticks aus Karotte und Gurke oder frischem Karottenbrot servieren.

Zutaten

1 Glas Kichererbsen (ca. 230 g, abgetropft)

2 kleine vorgekochte Rote Bete

1 Knoblauchzehe

2 EL kaltgepresstes Olivenöl

½ TL feines Meersalz

½ Bio-Zitrone, Saft und fein abgeriebene Schale

Optional: etwas Wasser für eine weichere Konsistenz

Dazu passen:
Karottenbrot (siehe Seite 33)
Gurken- und Karottensticks

Pink Chocolate Bites

Tag 1

Zuckerfrei, cremig, verführerisch – der perfekte Snack für bewusste Naschmomente.

Zutaten für 8-10 Stück ca. 3 Portionen
je nach Größe der Form

- 130 g Cashewkerne (ungewürzt, ungesalzen)
- 200 g Kakaobutter, geschmolzen
- 25 g gefriergetrocknete Himbeeren
- 100 g Kokosmus
- 100 g Erythrit
- 50 g Honig (alternativ: Tapioka- oder Dattelsirup)
- 1 TL gemahlene Vanille

1. Die Cashewkerne in kaltem Wasser für 30 Minuten einweichen. Dann die Cashewkerne abspülen und gut abtropfen lassen.
2. Die Kakaobutter vorsichtig über einem warmen Wasserbad schmelzen.
3. Alle Zutaten in einen leistungsstarken Mixer geben und zu einer glatten, homogenen Masse verarbeiten.
4. Die Masse gleichmäßig in kleine Silikonformen (z. B. Pralinen-, Schokoladentafel- oder Müsliriegelformen) füllen.
5. Für mindestens 1 Stunde im Gefrierfach fest werden lassen.
6. Anschließend im Kühlschrank lagern – die Bites bleiben dort mindestens eine Woche frisch.

Schokoladenformen sind praktisch für die schnelle Herstellung der Chocolate Bites.

Hinweis

Die Kombination aus Kakaobutter und Cashews sorgt für eine samtige Textur mit feiner Süße. Wer mag, kann die Masse mit einer Prise Meersalz weiter verfeinern – für ein geschmacklich noch spannenderes Ergebnis.

Schnelles Chicken Tikka Masala

Tag 1

Aromatisch, herzhaft, wärmend – der indisch inspirierte Klassiker in 30 Minuten.

1 Basmatireis nach Packungsanleitung zubereiten.

2 Inzwischen die Hähnchenbrust in mittelgroße Stücke schneiden. Zwiebel und Knoblauch fein würfeln, Ingwer reiben.

3 Die Hähnchenbrust in etwas Öl von beiden Seiten scharf anbraten, bis es goldbraun ist. Es muss nicht vollständig durchgegart sein – das geschieht später in der Soße. Aus der Pfanne nehmen und beiseitestellen.

4 In derselben Pfanne die Zwiebeln und den Knoblauch glasig dünsten. Ingwer und Gewürze (Paprika, Garam Masala, Kreuzkümmel) hinzufügen und kurz mitrösten, bis die Aromen freigesetzt werden.

5 Mit den stückigen Tomaten ablöschen, die Hähnchenbrust zurück in die Pfanne geben und alles bei niedriger Hitze ca. 10 Minuten köcheln lassen. Bei Bedarf etwas Wasser einrühren, um die Soße zu verlängern.

6 Mit Meersalz, Pfeffer und optional Chiliflocken abschmecken.

Zutaten

½ Tasse Basmatireis (ca. 60 g, trocken)

150 g Hähnchenbrustfilet

1 kleine Zwiebel

2 Knoblauchzehen

5 g frischer Ingwer

1 TL Paprikapulver edelsüß

1 EL Garam Masala

1 Prise gemahlener Kreuzkümmel

250 g stückige Tomaten (aus der Dose)

100 ml Wasser (optional, für mehr Sauce)

Chiliflocken (optional, nach Geschmack)

Meersalz und schwarzer Pfeffer

Serviervorschlag

Mit dem frisch gekochten Basmatireis anrichten. Für zusätzliche Frische sorgt ein Klecks ungesüßter veganer Joghurt oder ein Spritzer Limettensaft.

Sweet Carrot Porridge

Tag 2

Ein wärmendes Frühstück mit natürlicher Süße, gesunden Fetten und extra Biss.

1. Die Karotte schälen und raspeln. ¼ der geraspelten Karotte für das Topping zur Seite stellen.
2. In einem kleinen Topf die Pflanzenmilch erwärmen und die Haferflocken unter Rühren kurz aufkochen.
3. Den Herd ausschalten. ¾ der geraspelten Karotte sowie Zimt, Leinsamen, Kokosraspeln und Honig einrühren.
4. Das fertige Porridge in eine Schüssel füllen. Mit dem restlichen Karottengemüse und den Toppings garnieren.

Zutaten

Basis:

80 g zarte Haferflocken

250 ml Pflanzenmilch

1 große Karotte, davon ¾ für das Porridge

2 EL Kokosraspeln

1 gehäufter TL Zimt

1 EL Leinsamen, geschrottet

1 EL Honig

Topping:

1 TL Pistazienmus (alternativ: Mandelmus)

1 Handvoll Walnüsse (oder Mandeln, Haselnüsse)

¼ Karotte

1 EL Kokosraspeln

Tipp

Dieses Frühstück lässt sich wunderbar vorbereiten: Einfach alle Zutaten (ohne Erhitzen) am Vorabend vermengen und über Nacht im Kühlschrank ziehen lassen. So wird es zum „Overnight Carrot Oats" – perfekt für einen stressfreien Morgen.

Leinsamen selbst schroten: Wenn du nur ganze Leinsamen hast, kannst du sie in einem kleinen Mixer, in einer Kaffeemühle oder im Mörser selbst mahlen.

Green Butter Mix auf Karottenbrot

Tag 2

Proteinreicher Brotaufstrich mit cremiger Avocado – schnell, sättigend, nährstoffreich.

1 Die Eier etwa 5 Minuten kochen, sodass das Eigelb noch leicht cremig ist.

2 Anschließend die Eier unter kaltem Wasser abschrecken und abkühlen lassen.

3 Eier schälen und grob zerkleinern. Zusammen mit der Avocado, dem Senf und einer Prise Meersalz in eine Schüssel geben.

4 Mit einer Gabel alles gründlich zerdrücken und zu einer streichfähigen Masse vermengen.

5 Die Mischung auf zwei Scheiben Brot verteilen und nach Belieben mit frischer Petersilie garnieren.

Zutaten

2 Eier (Bio-Qualität empfohlen)

½ Avocado

1 EL mittelscharfer Senf (zuckerfrei)

Meersalz nach Geschmack

2 Scheiben Karottenbrot (siehe)

Petersilie zum Garnieren (optional)

Bewahre die Avocadohälfte mit Kern auf, da dieser die Frucht schützt. Du kannst die Schnittfläche mit Zitronensaft beträufeln. Lege die Avocado in eine luftdicht verschließbare Box und stelle sie in den Kühlschrank.

Hinweis

Ein weich gekochtes Eigelb ist nicht nur cremiger, sondern auch besser verdaulich und nährstoffschonend. Achte auf hochwertige Zutaten – besonders bei Eiern und Avocados macht sich Qualität im Geschmack bemerkbar.

Cashew Butter Cookies

Tag 2

Zuckerfrei, ballaststoffreich und herrlich mürbe – die perfekte gesunde Nascherei.

1 Den Backofen auf **180 °C Ober-/Unterhitze** vorheizen.

2 Hirseflocken und Erythrit in einem Mixer fein mahlen, bis eine mehlartige Konsistenz entsteht.

3 Cashewmus, Pflanzenmilch, Vanille und gehackte Schokolade hinzufügen. Alles auf niedriger Stufe zu einem homogenen Teig verarbeiten.

4 Mit den Händen etwa 8 - 9 gleich große Portionen formen und auf ein mit Backpapier belegtes Blech legen.

5 Im vorgeheizten Ofen ca. **15 Minuten** backen, bis die Ränder leicht goldbraun sind.

6 Kurz abkühlen lassen – die Cookies härten beim Auskühlen noch etwas nach.

Zutaten für ca. 8 - 9 Stück
3 - 4 Portionen

200 g Hirseflocken
130 g Erythrit
1 TL gemahlene Vanille
60 g Cashewmus
80 ml Pflanzenmilch
60 g vegane Schokolade (zuckerfrei), grob gehackt

Hinweis

Mach mit den Cookies jemand anderem eine Freude. Ich würde **zwei Cookies** selbst essen und die anderen verschenken. Keine Lust zu teilen? Luftdicht verschlossen bleiben die Cookies mehrere Tage frisch.

Warming Lentil Soup

Tag 2

Herzhaft, nährend und wohltuend – eine einfache Suppe mit großem Komfortfaktor.

Zutaten

70 g rote Linsen

2 kleine Kartoffeln (ca. 230 g)

1 kleine Karotte

1 Stange Staudensellerie

3/4 TL Suppengewürz

500 ml Wasser

1 Kartoffeln und Karotte schälen und in gleichmäßige, mundgerechte Stücke schneiden. Sellerie waschen und fein würfeln.

2 In einem Topf das Wasser zum Kochen bringen und das vorbereitete Gemüse hineingeben.

3 Die roten Linsen unter kaltem Wasser gründlich abspülen, dann ebenfalls in den Topf geben.

4 Mit Suppengewürz würzen und die Suppe bei mittlerer Hitze 20 - 30 Minuten sanft köcheln lassen, bis Linsen und Gemüse weich sind.

5 Optional: Etwa die Hälfte der Suppe mit einem Pürierstab oder Mixer cremig pürieren und wieder zur Suppe geben – das sorgt für eine besonders samtige Konsistenz.

6 Alles gut verrühren, nochmals abschmecken und heiß servieren.

Verfeinerungsideen

Für mehr Frische und Tiefe im Geschmack: Mit frischen Kräutern wie Petersilie oder Thymian bestreuen und einige Tropfen Zitronensaft vor dem Servieren einrühren. Auch ein Klecks ungesüßter veganer Joghurt passt hervorragend dazu.

Goldenes Kurkuma-Porridge
mit Beeren

Tag 3

Ein wärmendes Power-Frühstück mit entzündungshemmenden Gewürzen und natürlicher Süße.

1 Haferflocken zusammen mit der Pflanzenmilch in einem kleinen Topf langsam erhitzen.

2 Kurkuma, Zimt und die zerdrückte Banane einrühren.

3 Unter regelmäßigem Rühren **3 - 5 Minuten** leicht köcheln lassen, bis das Porridge cremig ist.

4 In eine Schale geben und mit Wildheidelbeeren und Nüssen garnieren.

Zutaten

80 g zarte Haferflocken

200 ml Pflanzenmilch

½ TL Kurkuma

¼ TL Zimt

1 reife Banane, zerdrückt

1 Handvoll Wildheidelbeeren (frisch oder tiefgekühlt)

2 EL gehackte Nüsse (z. B. Walnüsse, Haselnüsse oder Mandeln)

Serviervorschlag

Ein Klecks Mandelmus sorgt für noch mehr Aroma. Wer es süßer mag, kann das Porridge mit etwas Tapiokasirup oder Dattelsirup verfeinern.

Lachs-Pesto-Spirelli

Tag 3

Proteinreich, aromatisch und sättigend – eine ausgewogene Pasta mit hausgemachtem Pesto.

1 Die Nudeln nach Packungsanleitung in Salzwasser al dente kochen.

2 In der Zwischenzeit den Lachs im Airfryer bei **180 °C** für **12 - 15 Minuten** je nach Dicke des Lachsfilets garen. Ich verwende für kleine Portionen gerne den Airfryer, da er durch den kleineren Garraum energieeffizienter als ein Backofen ist. Du kannst den Fisch natürlich auch im Ofen garen oder bei mittlerer Hitze mit etwas Öl in der Pfanne braten.

3 Für das Pesto alle Zutaten in einem Mixer zu einer glatten, cremigen Masse pürieren.

4 Die Tomate und den gegarten Lachs in kleine Würfel oder Stücke schneiden.

5 Nudeln abgießen, mit dem Pesto, Lachs und den Tomaten vermengen und sofort servieren.

Zutaten

Pesto

20 g Pinienkerne (alternativ: Zedernüsse)

50 ml Olivenöl (nativ extra)

30 g frischer Basilikum (oder saisonal Bärlauch)

½ TL Meersalz

1 TL Hefeflocken (für ein leicht nussig-käsiges Aroma)

Nudeln und Lachs

70 g Spirelli (aus Emmer oder Dinkel, alternativ Vollkorn oder glutenfrei)

100 g Lachsfilet (frisch oder TK, ohne Haut)

1 Tomate

Serviervorschlag

Mit frischem Pfeffer, etwas Zitronenschale oder gerösteten Pinienkernen garnieren. Ein schneller, nährstoffreicher Teller mit mediterraner Seele.

Antiox-Beeren-Smoothie

Tag 3

Ein immunstärkender Energie-Booster mit Antioxidantien, gesunden Fetten und wärmenden Gewürzen.

1 Alle Zutaten in einen leistungsstarken Mixer geben und so lange pürieren, bis eine cremige, glatte Konsistenz entsteht.

2 Sofort in ein Glas füllen und genießen – am besten gekühlt.

Zutaten

150 g gemischte Beeren TK (z. B. Heidelbeeren, Himbeeren, Brombeeren, Erdbeeren)

½ Banane

200 ml Pflanzenmilch oder Kokoswasser

1 EL Leinsamen, ganz oder Chiasamen

½ TL Kurkuma

½ TL Zimt

1 TL frisch geriebener Ingwer (alternativ: gemahlen)

1 TL Hanföl oder Leinöl

Tipp

Tiefgekühlte Beeren sind ideal für eine extra dickflüssige, erfrischende Konsistenz.

Sweet Potato Salad mit Cajun-Tofu und Avocado-Dressing

Tag 3

Ein bunter, sättigender Bowl-Salat mit Ofengemüse, pflanzlichem Protein und cremigem Dressing.

1 Den Backofen auf **200 °C Ober-/Unterhitze** vorheizen.

2 Süßkartoffel und Tofu in Würfel schneiden. Zwei Knoblauchzehen pressen.

3 Die Süßkartoffel mit 1 TL Cajun-Gewürz, 2 EL Öl und 1 gepressten Knoblauchzehe vermengen und auf ein Backblech geben. Etwa **35 Minuten** im Ofen rösten.

4 Inzwischen den Tofu mit 1 TL Cajun-Gewürz, 1 EL Öl, 1 gepressten Knoblauchzehe und ggf. Stärke vermengen. Nach **10 Minuten** zu den Süßkartoffeln in den Ofen geben und weitere 25 Minuten mitbacken.

5 Währenddessen die Tomate, Gurke und ½ Avocado würfeln. In eine große Schüssel geben und mit Feldsalat oder Rucola vermengen.

6 Für das Dressing die restliche Hälfte der Avocado mit Sojajoghurt, Apfelessig, Senf und einer Prise Meersalz pürieren und abschmecken.

7 Das geröstete Gemüse zum Salat geben, mit dem Dressing vermengen und sofort servieren.

Zutaten

Für den Salat

1 kleine Süßkartoffel
100 g Naturtofu
2 Knoblauchzehen
2 TL Cajun-Gewürzmischung
1 TL Tapiokastärke, optional (alternativ: Maisstärke)
1 TL Tapiokasirup
1 Tomate
½ Salatgurke
½ Avocado
1 Handvoll Feldsalat oder Rucola (ca. 25 g)

Für das Dressing

½ Avocado
1 EL Sojajoghurt (ungesüßt)
1 EL Apfelessig
½ TL mittelscharfer Senf (zuckerfrei)
Meersalz nach Geschmack

Serviervorschlag

Dieser Salat schmeckt warm wie kalt. Für zusätzliche Crunch-Komponenten passen geröstete Kürbiskerne oder Walnüsse hervorragend dazu.

Schoko-Smoothie

Tag 4

Cremig, schokoladig, voller Energie – der perfekte Start in den Tag oder als nährender Snack zwischendurch.

1 Bananen schälen und zusammen mit allen weiteren Zutaten in einen leistungsstarken Mixer geben.

2 Für ca. 30 - 45 Sekunden mixen, bis eine glatte, cremige Konsistenz entsteht.

3 In ein Glas füllen und sofort servieren – gekühlt oder mit Eiswürfeln für einen besonders erfrischenden Genuss.

Tipp

Für mehr Protein: 1 EL neutrales Proteinpulver untermischen.

Zutaten

2 reife Bananen (gekühlt oder gefroren für extra Cremigkeit)

1 Medjool-Dattel (entsteint)

1 EL Leinsamen, ganz

1 EL Cashewmus (alternativ Mandelmus)

1 EL Maca-Pulver (optional, für natürliche Energie)

2 EL ungesüßtes Kakaopulver

400 ml Pflanzenmilch

Maca – die Powerwurzel aus den Anden

Maca ist eine knollenartige Wurzelpflanze aus den Hochlagen der peruanischen Anden. Seit Jahrhunderten wird sie dort als Nahrungsmittel und Heilpflanze geschätzt. Die getrocknete Wurzel wird traditionell zu Pulver verarbeitet und besitzt einen leicht malzig-nussigen Geschmack.

Kebab-Salat mit geräuchertem Tofu

Tag 4

Herzhaft, würzig und pflanzenbasiert – ein schnelles Gericht mit Street-Food-Flair.

1 Den Tofu in mundgerechte Würfel schneiden und mit Öl und der Kebab-Gewürzmischung gründlich vermengen.

2 In einer Pfanne bei hoher Hitze rundum scharf anbraten, bis der Tofu knusprig und goldbraun ist.

3 In der Zwischenzeit den Salat waschen, Tomate und Gurke klein schneiden und in eine große Schüssel geben.

4 Für das Dressing alle Zutaten verrühren, bis eine cremige Soße entsteht.

5 Den warmen Tofu und das Dressing zum Salat geben, alles gut vermengen und sofort servieren.

Zutaten

Für den Salat

1 Handvoll grüner Blattsalat (z. B. Lollo Bionda, Römersalat oder Rucola)

1 Tomate

½ Salatgurke

150 g geräucherter Tofu

2 TL Kebab-Gewürzmischung (z. B. Paprika edelsüß, Knoblauch, Kurkuma, Kreuzkümmel)

1 TL Öl zum Braten

Für das Dressing

80 g Sojajoghurt (ungesüßt)

1 EL Ketchup (zuckerfrei)

1 TL gemahlener Knoblauch

1 TL geräuchertes Paprikapulver

1 EL Zitronensaft

Meersalz und Pfeffer nach Geschmack

Tipp

Für noch mehr Geschmack kannst du geröstete Zwiebeln oder frische Kräuter wie Petersilie oder Minze ergänzen. Auch als Wrap-Füllung ideal!

Caramel Apple Slices

Tag 4

Fruchtig, nussig, natürlich süß – ein unkomplizierter Snack mit Wow-Effekt.

1 Die Äpfel schälen, entkernen und in feine Spalten schneiden.

2 Datteln, Wasser und Vanille in einem Hochleistungsmixer zu einer glatten, cremigen Karamellsoße pürieren.

3 Die Apfelspalten auf einem Teller anrichten, großzügig mit der Dattel-Karamellsoße beträufeln.

4 Mit Walnüssen und gefriergetrockneten Himbeeren bestreuen und direkt servieren.

Zutaten

1 - 2 Äpfel (je nach Größe)

80 g Medjool-Datteln (entsteint)

80 ml Wasser

1 TL gemahlene Vanille

1 Handvoll Walnüsse, grob gehackt

1 Handvoll gefriergetrocknete Himbeeren (ca. 7 g)

Tipp

Ideal als gesunder Snack, Dessert oder auch als kindgerechte Nascherei. Die Soße lässt sich im Kühlschrank einige Tage aufbewahren – perfekt als Vorrat für spontane Genussmomente.

Tag 4

Cremige Gemüse-Brokkoli-Suppe

Eine leichte, aber sättigende Suppe, die dank Kartoffel und Hefeflocken eine feine Cremigkeit entwickelt – ganz ohne Sahne.

Zutaten

1 mittelgroße Kartoffel

¼ Stange Lauch (TK)

1 - 2 Stangen Staudensellerie (je nach Größe, ca. ⅕ Bund)

¼ Brokkoli (eine kleine Handvoll Röschen und etwas Strunk, TK)

100 ml Gemüsebrühe

200 ml Wasser

1 EL Hefeflocken

Meersalz nach Geschmack

1. Die Kartoffel schälen und gemeinsam mit dem Lauch, dem Sellerie und dem Brokkolistrunk in mundgerechte Stücke schneiden. Die Brokkoliröschen zunächst beiseitelegen.
2. Das vorbereitete Gemüse (ohne Röschen) mit Brühe und Wasser in einen Topf geben, aufkochen und etwa 20 Minuten sanft köcheln lassen.
3. Die Suppe anschließend – je nach gewünschter Konsistenz vollständig oder teilweise – im Mixer zusammen mit den Hefeflocken pürieren.
4. Die cremige Basis zurück in den Topf geben, die Brokkoliröschen hinzufügen und weitere 10 Minuten köcheln lassen, bis sie gar sind, aber noch etwas Biss haben.
5. Mit Meersalz abschmecken und servieren

Tipp

Ein Klecks Sojajoghurt rundet den Geschmack wunderbar ab.

Whipped Iced Coffee

Tag 5

Cremig, erfrischend und koffeinstark – der Trendkaffee für warme Tage.

1 Den Honig mit einem Schneebesen oder Handmixer in einer kleinen Schüssel cremig aufschlagen.

2 Instantkaffee und heißes Wasser hinzufügen. Weiter aufschlagen, bis die Masse luftig, hell und stabil ist – das dauert je nach Gerät ca. 1 - 3 Minuten.

3 Ein Glas mit Eiswürfeln füllen und die kalte Pflanzenmilch darübergießen.

4 Die aufgeschäumte Kaffeecreme vorsichtig obenauf geben.

5 Nach Belieben vor dem Trinken umrühren – oder pur durch den Schaum genießen.

Zutaten

15 g Honig (ca. 1 EL)

3 g Instantkaffee (ca. 1 leicht gehäufter TL)

12 g heißes Wasser (ca. 1 EL)

Eiswürfel nach Belieben

200 ml Planzenmilch

Tipp

Für eine vegane Version ersetze den Honig durch Tapiokasirup. Mit einem Hauch Zimt oder Vanille verfeinert wird der Drink noch aromatischer.

Gebratener Curryreis mit Hähnchen

Tag 5

Exotisch, proteinreich und farbenfroh – ein schnelles Pfannengericht voller Aromen.

1 Den Reis nach Packungsanleitung garen. Optional während des Kochens Kokosmilch unterrühren.

2 Zwiebel schälen und würfeln, Paprika grob zerteilen.

3 Hähnchenbrust in Streifen schneiden.

4 In einer großen Pfanne etwas Kokosöl erhitzen, Zwiebeln glasig dünsten und das Hähnchen darin rundum goldbraun anbraten.

5 Paprika hinzufügen und etwa 3 Minuten mitbraten.

6 Frühlingszwiebel in feine Ringe schneiden.

7 Gekochten Reis, Ananasstücke, Erbsen, Currypulver, Kurkuma, Tamari und frisch geriebenen Ingwer mit in die Pfanne geben. Alles gut vermengen und 2 - 3 Minuten bei mittlerer Hitze durchschwenken.

8 Mit Meersalz und Pfeffer abschmecken und mit Frühlingszwiebel garniert servieren. Wer mag, fügt noch frischen Koriander oder einen Spritzer Limettensaft hinzu.

Zutaten

70 - 80 g Basmatireis (Alternative Jasminreis)

2 EL Kokosmilch (optional, für ein cremigeres Aroma)

150 g Ananas (frisch oder TK, in Stücke geschnitten)

1 kleine rote Paprika

1 kleine rote Zwiebel

1 kleines Stück frischer Ingwer, gerieben

150 - 200 g Hähnchenbrustfilet

30 g Erbsen (TK)

1 Frühlingszwiebel

1 EL Tamari

1 TL Currypulver

½ TL Kurkuma

Meersalz und Pfeffer nach Geschmack

Kokosöl zum Braten

Tipp

Gefriere die übrige Ananas in Portionen von jeweils 150 g ein. An Tag 9 auf Seite 115 backen wir einen leckeren Snack mit Ananas. Hier kannst Du schon das erste Päckchen verbrauchen.

Pink Sorbet

Tag 5

Fruchtig, erfrischend und blitzschnell – das perfekte Dessert für heiße Tage.

1 Das Erythrit in einem Hochleistungsmixer zu feinem Puder verarbeiten.

2 Die gefrorenen Früchte hinzufügen und alles grob zerkleinern.

3 Die vegane Sahne untermischen und alles gemeinsam zu einer cremigen Sorbet-Konsistenz mixen.

4 Sofort in Schälchen oder Gläsern anrichten und genießen.

Zutaten

250 g gemischte Beeren TK (z. B. Heidelbeeren, Himbeeren, Brombeeren, Erdbeeren)

35 g Erythrit

60 g vegane Sahne (z. B. Kokos)

Tipp

Für eine besonders intensive Farbe kannst du etwas gefriergetrocknetes Beerenpulver oder rote Pitaya hinzufügen. Wer mag, toppt das Sorbet mit frischer Minze oder gehackten Nüssen.

Glasnudelsalat mit Erdnuss-Dressing

Tag 5

Leicht, aromatisch und sättigend – ein asiatisch inspirierter Bowl-Salat mit Crunch und Frische.

1 Die Glas- oder Reisnudeln nach Packungsanleitung zubereiten und gut abtropfen lassen.

2 Karotte und Gurke waschen, nach Belieben schälen und in feine Stifte oder Scheiben schneiden.

3 Den Tofu trocken tupfen, würfeln und im **Airfryer** bei **180 °C** ca. **10 Minuten** knusprig backen – alternativ in der Pfanne mit etwas Öl anbraten.

4 Für das Dressing den Ingwer reiben und mit Tamari, Erdnussmus, Honig und Limettensaft glattrühren.

5 Nudeln, Gemüse und Tofu in einer Schüssel anrichten, mit dem Dressing vermengen und mit Kräutern, Sesam und/oder Erdnüssen garnieren.

Zutaten

Salat

50 g Glasnudeln (alternative Reisnudeln

1 kleine Karotte

½ Salatgurke

70 g Räuchertofu

Frische Kräuter nach Wahl (z. B. Koriander oder Petersilie), gehackt

1 EL Sesam oder grob gehackte Erdnüsse

Erdnuss-Dressing

2 EL Tamari

1 TL Erdnussmus

1 daumennagelgroßes Stück Ingwer, fein gerieben

½ TL Honig oder Tapiokasirup

Saft von ¼ Limette

Tipp

Für eine kalorienärmere Variante eignen sich Reisnudeln besonders gut. Wenn du auf Erdnussmus verzichten möchtest, kannst du stattdessen Erdnussproteinpulver verwenden – das bringt Proteine und spart Fett.

Red Smoothie

Tag 6

Fruchtig, nährstoffreich und angenehm sättigend – ein cremiger Smoothie mit Superfood-Potenzial.

1. Beeren zusammen mit dem Kokoswasser in einem Mixer fein pürieren, bis eine glatte Masse entsteht.
2. Anschließend die Flocken, den Kokosjoghurt und ggf. das Süßungsmittel hinzufügen. Nochmals ca. 30 Sekunden mixen, bis der Smoothie schön cremig ist.
3. In ein großes Glas füllen und direkt servieren – gekühlt oder auf Eis.

Zutaten

200 g gemischte Beeren (TK oder frisch, z. B. Wildheidelbeeren, Erdbeeren, Himbeeren)

200 ml Kokoswasser

50 g zarte Haferflocken oder Hirseflocken

100 g Kokosjoghurt (ungesüßt)

1 EL Erythrit oder Dattelsirup (optional, je nach gewünschter Süße)

Tipp

Besonders aromatisch wird der Smoothie mit tiefgekühlten Wildbeeren. Wer es grüner mag, kann auch eine Handvoll Babyspinat untermixen – für ein Upgrade an Vitalstoffen, ohne geschmackliche Einbußen.

Tag 6

Börek-Schnecken

Knusprig, würzig, proteinreich – die leichte Fusion-Variante des Klassikers.

1 Den Backofen auf **180 °C Ober-/Unterhitze** vorheizen.

2 Das Ei verquirlen und in einen flachen Teller geben.

3 Reispapierblätter nacheinander im Ei beidseitig wenden, bis sie weich und biegsam sind.

4 Für eine Schnecke jeweils drei Blätter leicht überlappend nebeneinanderlegen.

5 Den veganen Frischkäse mit gehacktem Spinat und den Gewürzen vermengen.

6 Die Füllung als dünne Linie im unteren Drittel des Reispapiers auftragen.

7 Vorsichtig aufrollen und die Rolle anschließend zu einer Schnecke eindrehen.

8 Auf ein mit Backpapier belegtes Backblech legen und nach Wunsch mit Sesam bestreuen.

9 Die Schnecken im vorgeheizten Ofen ca. **20 - 25 Minuten** backen, bis sie goldbraun und knusprig sind.

Zutaten

6 Reispapierblätter

1 Ei (zum Befeuchten, optional durch pflanzliche Alternative ersetzbar)

100 g pflanzliche Frischkäse-Alternative (z. B. auf Mandel-, Cashew- oder Sojabasis)

1 kleine Handvoll frischer Spinat oder Petersilie, fein gehackt (ca. 30 g)

Gewürze nach Geschmack: Meersalz, schwarzer Pfeffer, Chili

Optional: 1 TL Sesam zum Bestreuen

Tipp

Für zusätzliche Knusprigkeit kannst du die Schnecken vor dem Backen mit etwas Olivenöl bepinseln oder beträufeln.

Pfirsich-Kokos-Eis

Tag 6

Fruchtig, cremig und herrlich erfrischend – ein sommerlicher Eisgenuss mit Crunch.

1 Den Pfirsich schälen, entkernen und in grobe Stücke schneiden.

2 Mit Joghurt, Vanille, Zitronensaft und optional Erythrit in einen Mixer geben und glatt pürieren.

3 Die Masse in Eisformen füllen und für mindestens 4 Stunden einfrieren.

4 Kurz vor dem Servieren die weiße Schokolade schmelzen, Reispops unterheben und das gefrorene Eis damit überziehen.

5 Noch einmal kurz ins Gefrierfach geben, bis die Schokolade fest ist – dann genießen.

Zutaten

Für das Eis:

1 reifer Pfirsich

100 g Kokosjoghurt (ungesüßt)

½ TL gemahlene Vanille

1 TL Zitronensaft

Optional: 1 TL Erythrit (bei weniger süßen Pfirsichen)

Für das Topping:

50 - 60 g vegane weiße Schokolade (zuckerfrei)

1 TL Reispops oder Quinoa-Pops

Tipp

Wenn es schnell gehen soll oder du Kalorien sparen möchtest: Schneide den Pfirsich in Stücke, friere ihn kurz an und mixe ihn direkt mit den restlichen Zutaten zu einem fruchtigen Sorbet. Die Schokohülle kannst du dabei weglassen – erfrischt trotzdem herrlich!

Rainbow Pasta

Tag 6

Bunt, knackig und voller Geschmack – der ideale Sommersalat für Picknick, Lunch oder Meal Prep.

1 Nudeln kochen: Die Pasta in gesalzenem Wasser nach Packungsanleitung al dente kochen. Abgießen, mit kaltem Wasser abschrecken und gut abtropfen lassen.

2 Dressing anrühren: In einer kleinen Schüssel Ajvar, Senf, Essig, Öl, Knoblauch sowie Meersalz und Pfeffer glattrühren, bis ein sämiges Dressing entsteht.

3 Die Nudeln in eine große Schüssel geben. Radieschen, Kapern, Gewürzgurke, Tomate, Zwiebel und Avocado hinzufügen. Das Dressing darübergeben und alles vermengen.

4 Noch einmal abschmecken und dann servieren – oder für einen intensiveren Geschmack 15 - 30 Minuten im Kühlschrank ziehen lassen.

Zutaten

100 g Nudeln (z. B. Penne, Fusilli oder glutenfreie Alternative)

3 - 4 Radieschen, in feine Scheiben geschnitten

1 EL Kapern

1 kleine Gewürzgurke, fein gewürfelt

1 kleine Tomate, gewürfelt

¼ Zwiebel, fein gehackt

½ Avocado, in Würfel geschnitten

Dressing:

1 EL Ajvar (mild oder scharf, je nach Vorliebe)

1 TL Senf

1 TL Apfelessig

1½ EL Olivenöl

½ Knoblauchzehe, gepresst oder fein gehackt

Meersalz und Pfeffer nach Geschmack

Tipp

Für zusätzlichen Biss eignen sich geröstete Sonnenblumenkerne, Kürbiskerne oder gehackte Walnüsse hervorragend. Auch Rucola oder Babyspinat machen sich als grüne Ergänzung wunderbar.

Eggs Benedict
mit pflanzlicher Hollandaise

Ein Frühstücksklassiker – neu gedacht: cremig, würzig, raffiniert.

Milchfreie Hollandaise zubereiten:

1 Stärke mit 2 EL der Pflanzenmilch glattrühren. Restliche Milch, Zitronensaft, Senf, Hefeflocken, Kurkuma, Salz und Pfeffer einrühren.

2 Unter ständigem Rühren bei mittlerer Hitze erhitzen, bis die Soße eindickt (ca. 2–3 Minuten).

3 Vom Herd nehmen, Öl einrühren, bis die Soße geschmeidig und glänzend ist. Abschmecken und ggf. mit Zitrone oder Senf verfeinern.

Ei pochieren:

4 Wasser mit einem Schuss Essig in einem Topf zum Simmern bringen. Ei in eine Tasse aufschlagen.

5 Mit einem Löffel im Wasser einen Strudel erzeugen und das Ei vorsichtig hineingleiten lassen. Ca. 4 Minuten pochieren, mit einer Schaumkelle herausnehmen, abtropfen lassen.

Anrichten:

6 Sauerteigbrot toasten und auf einen Teller legen. Mit Schinken belegen, das pochierte Ei daraufsetzen.

7 Mit der warmen Hollandaise übergießen und frischen Kräutern garnieren – direkt servieren.

Tipp

Du kannst das Gericht auch vollständig pflanzlich servieren, z. B. mit veganem „Ei“ aus Tofu oder Kichererbsencreme, Räuchertofu statt Schinken und pflanzlichem Joghurt als Soßengrundlage.

Zutaten

Für die milchfreie Hollandaise:

100 ml Planzenmilch

1 TL Zitronensaft oder Apfelessig

1 TL mittelscharfer Senf

1 EL Hefeflocken(für den leicht käsigen Umami-Geschmack)

1 Prise Kurkuma (für die typische Farbe)

1 EL Speisestärke (z. B. Tapioka oder Kartoffel)

2 EL neutrales Öl (z. B. Rapsoder Sonnenblumenöl)

Meersalz und Pfeffer nach Geschmack

Weitere Zutaten:

1 Ei

1 Scheibe Sauerteigbrot

1 Scheibe Rinderschinken

Etwas Essig (zum Pochieren)

Frische Kräuter zum Garnieren (z. B. Schnittlauch oder Petersilie)

Kidneybohnen-Curry

Tag 7

Einfach, würzig, sättigend – das perfekte Soulfood mit indischem Touch.

1 Zwiebel schälen und fein würfeln. Knoblauch ebenfalls schälen und durch eine Presse drücken.

2 Kidneybohnen in einem Sieb abspülen und gut abtropfen lassen.

3 In einer Pfanne etwas Öl erhitzen und die Zwiebel glasig dünsten.

4 Ingwer, Curry und Garam Masala dazugeben und kurz mitrösten, bis die Gewürze duften.

5 Mit den Tomaten und der Kokosmilch ablöschen, die Kidneybohnen einrühren.

6 Mit Suppengewürz und Pfeffer abschmecken und ca. 10 Minuten bei mittlerer Hitze köcheln lassen – ohne Deckel.

7 Zum Schluss Tamari einrühren. Vor dem Servieren nach Belieben mit frischer Petersilie bestreuen.

Zutaten

1 kleine Zwiebel

1 Knoblauchzehe

1/4 TL frisch geriebener Ingwer

150 ml stückige Tomaten

100 g Kidneybohnen (aus der Dose)

80 ml Kokosmilch

1/2 TL Garam Masala

1/2 TL Currypulver

1/2 TL Suppengewürz

1 TL Tamari

Pfeffer nach Geschmack

Optional: Frische Petersilie zum Garnieren

Tipp

Für eine proteinreichere Variante kannst du zusätzlich Kichererbsen oder Linsen integrieren – oder als Meal Prep im Voraus zubereiten.

Tag 7

Himbeer-Hafer-Schnitten

Ein fruchtiger Genuss mit nährstoffreicher Basis – ideal als Snack oder zum Mitnehmen.

1 Den Backofen auf **200 °C Ober-/Unterhitze** vorheizen. Eine kleine Auflaufform (z. B. ca. 10 × 15 cm) mit Backpapier auslegen oder leicht einfetten.

2 Für den Teig Mandelmehl, Hirseflocken, Backpulver, Erythrit, vegane Butter, Vanille und Salz in einer Schüssel vermengen. Es sollte eine streuselartige, leicht formbare Masse entstehen. Etwa vier Fünftel des Teigs in die vorbereitete Form geben und mit den Fingern gleichmäßig andrücken. Den restlichen Teig für die Streusel beiseitestellen.

3 In einem kleinen Topf die Himbeeren mit Zitronensaft, Erythrit, Vanille, Zimt und Tapiokasirup auf mittlerer Hitze ca. 4 Minuten köcheln lassen, bis die Früchte zerfallen. Die Tapiokastärke einrühren und die Masse kurz weiterköcheln, bis sie eindickt.

4 Die heiße Himbeerfüllung gleichmäßig auf dem Teigboden verteilen. Anschließend den restlichen Teig in kleinen Stücken als Streusel darübergeben.

5 Im vorgeheizten Ofen **15 - 18 Minuten** backen. Nach der Hälfte der Backzeit ggf. mit Alufolie abdecken, damit die Streusel nicht zu dunkel werden.

6 Vollständig abkühlen lassen – so wird die Füllung schnittfest. In Riegel oder kleine Quadrate schneiden und genießen.

Zutaten

Für den Teig:

20 g Mandelmehl

35 g Haferflocken, zart

¼ TL Reinweinstein-Backpulver

25 g Erythrit

15 g vegane Butter

1 Messerspitze gemahlene Vanille

1 kleine Prise Meersalz

Für die Füllung:

50 g Himbeeren (frisch oder tiefgekühlt)

1 TL Zitronensaft

10 g Erythrit

1 Messerspitze gemahlene Vanille

1 kleine Prise Zimt

1 TL Tapiokasirup

1 leicht gehäufter TL Tapiokastärke

Tipp

Diese Schnitten lassen sich gut vorbereiten und im Kühlschrank aufbewahren. Ideal für eine gesunde Naschpause – auch unterwegs.

Vegan gefüllte Auberginen

Tag 7

Ein mediterran gewürztes, pflanzliches Ofengericht mit herzhaftem Biss und aromatischer Tiefe.

1 Den Backofen auf **200 °C Ober-/Unterhitze** (alternativ 180 °C Umluft) vorheizen.

2 Die Aubergine der Länge nach halbieren. Das Fruchtfleisch mit einem Löffel vorsichtig auslösen, dabei rundherum etwa 1 cm Rand stehen lassen. Das Fruchtfleisch fein hacken. Die Auberginenhälften leicht salzen und etwa 10 Minuten ruhen lassen, um Bitterstoffe zu entziehen. Anschließend mit Küchenpapier trocken tupfen.

3 Etwas Öl in einer Pfanne erhitzen. Zwiebel und Knoblauch darin glasig dünsten. Das gehackte Auberginenfruchtfleisch, Paprika, Tomatenwürfel und Tomatenmark hinzufügen und alles ca. 4 Minuten bei mittlerer Hitze unter gelegentlichem Rühren anschwitzen.

4 Die Kichererbsen zur Gemüsemasse geben, mit geräuchertem Paprikapulver, Salz und Pfeffer würzen. Die Mischung weitere 3 - 4 Minuten sanft schmoren lassen, bis sich die Aromen gut verbunden haben. Dann den veganen Reibekäse unterrühren und vom Herd nehmen.

5 Die vorbereiteten Auberginenhälften in eine passende Auflaufform setzen und großzügig mit der Gemüse-Kichererbsen-Füllung befüllen. Auf mittlerer Schiene etwa **30 Minuten** backen, bis die Auberginen zart und leicht gebräunt sind.

6 Die fertigen Auberginen mit frisch gehackter Petersilie und etwas Zitronenzeste bestreuen. Wer mag, gibt noch einen Klecks ungesüßten Sojajoghurt darüber – für zusätzliche Frische und Kontrast.

Zutaten

1 kleine Aubergine

120 g Kichererbsen aus dem Glas

½ rote Paprika, fein gewürfelt

1 kleine Tomate oder 3 - 4 Cherrytomaten, gewürfelt

1 kleine Zwiebel, fein gehackt

1 Knoblauchzehe, fein gehackt

1 EL Tomatenmark

1 TL geräuchertes Paprikapulver

Meersalz und frisch gemahlener schwarzer Pfeffer

2 EL veganer Reibekäse

Optional: Zitronenschale, frische Petersilie (gehackt)

Tipp

Dieses Gericht lässt sich hervorragend vorbereiten und schmeckt auch lauwarm oder am nächsten Tag – perfekt für Meal Prep oder als Teil eines sommerlichen Buffets.

Woche 2

Inhaltsverzeichnis

Lava-Tassenkuchen

Tag 8

Ein warmer, zart schmelzender Schokoladenkuchen – direkt aus der Tasse. Perfekt für alle, die auch morgens nicht auf ein kleines Dessert verzichten möchten.

1 Alle Zutaten direkt in einer mikrowellengeeigneten Tasse (250 - 300 ml Fassungsvermögen) mit einer Gabel oder einem kleinen Schneebesen gründlich verrühren, bis ein glatter Teig entsteht.

2 Die Tasse bei 900 Watt für etwa 90 Sekunden in die Mikrowelle stellen.

3 Für einen weich-flüssigen Kern reicht diese Zeit aus. Wer einen durchgebackenen Kuchen bevorzugt, verlängert die Garzeit auf 2 Minuten.

Zutaten

80 g Dinkelmehl Type 630

15 g Puder-Erythrit

15 g ungesüßter Kakao

¼ TL Reinweinstein-Backpulver

25 g geschmolzenes Kokosöl

70 - 80 g Pflanzenmilch

Tipp

Ein Löffel Nussmus oder ein Stück dunkle vegane zuckerfreie Schokolade im Teig sorgt für ein noch intensiveres Lava-Erlebnis. Am besten warm genießen.

Tag 8

Skandinavische Eier

Ein nordisch inspiriertes Mittagessen – leicht, würzig und proteinreich.

1 Das Ei in siedendem Wasser etwa **7 Minuten** kochen. Wir benötigen ein weichgekochtes Ei. Das Eigelb sollte noch leicht cremig sein. Anschließend das Ei kalt abschrecken und vorsichtig schälen.

2 Den Sojajoghurt mit Senf, Dill und einer Prise Meersalz glattrühren und in ein kleines Glas oder eine Schale füllen.

3 Das Radieschen in feine Scheiben schneiden.

4 Das Ei halbieren und auf dem Joghurt anrichten. Mit Radieschenscheiben und Kresse garnieren.

Zutaten

1 Ei

50 g Sojajoghurt (ungesüßt)

1½ TL mittelscharfer Senf

¼ TL getrockneter Dill

1 kleines Radieschen

Frische Kresse nach Bedarf

Meersalz nach Geschmack

Tipp

Anstelle von Radieschen schmecken auch Gurken gut zu diesem Rezept. Als sättigende Beilage passt eine Scheibe Karotten- oder Sauerteigbrot ideal dazu.

Karibik-Dessert

Tag 8

Ein tropischer Genuss mit Kokos und Mango – cremig, fruchtig und in wenigen Minuten servierbereit

1 Falls eine tiefgekühlte Mango verwendet wird, muss diese zunächst aufgetaut werden.

2 Kokosjoghurt, Kokosmus und Süßungsmittel in einem Mixer zu einer homogenen Creme verarbeiten. Die Masse in ein Glas füllen.

3 Die Mango würfeln, einige Würfel beiseite legen, den Rest der Mango pürieren und als zweite Schicht über den Joghurt geben.

4 Mit einigen Mangowürfeln und, nach Belieben, etwas Kokosraspeln garnieren.

Zutaten

Für den Kokosjoghurt:

200 g Kokosjoghurt (ungesüßt)

20 g Kokosmus

1 EL Tapiokasirup, Yaconsirup oder Honig (optional, je nach gewünschter Süße)

Für das Topping:

100 g Mango (frisch oder TK)

Optional: ein paar Kokosraspeln zur Dekoration

Tipp

Gefrorene Mango eignet sich hervorragend, wenn du keine frische zur Hand hast – einfach kurz antauen lassen. Für eine fettärmere Variante kannst du das Kokosmus weglassen, ohne auf Geschmack zu verzichten.

Honig-Senf-Hähnchen

Tag 8

Ein aromatisches, herzhaft-süßes Pfannengericht – schnell zubereitet und perfekt für ein ausgewogenes Mittag- oder Abendessen.

1 Den Basmatireis nach Packungsanleitung garen. Für ein besonders rundes Aroma kann 1 EL Kokosmilch (fester Teil) ins Kochwasser gegeben werden.

2 Das Hähnchenbrustfilet in feine Streifen schneiden.

3 In einer Pfanne mit etwas Öl goldbraun anbraten, bis das Fleisch vollständig gegart ist.

4 In der Zwischenzeit den Knoblauch fein hacken und mit Senf, Sirup, Tamari, Paprika und Meersalz zu einer Marinade verrühren.

5 Die Marinade über das gebratene Fleisch geben, kurz aufkochen und 1 - 2 Minuten einkochen lassen.

6 Das Hähnchen zusammen mit dem Reis anrichten und sofort servieren.

Zutaten

60 g Basmatireis
1 EL Kokosmilch (optional)
150 g Hähnchenbrustfilet
2 EL Honig oder 3 EL Tapiokasirup
3 TL mittelscharfer Senf
1 Knoblauchzehe
1–2 EL Tamari
1 TL Paprikapulver (edelsüß)
Meersalz nach Geschmack
Öl zum Braten

Tipp

Wer es noch frischer mag, ergänzt das Gericht mit einem Spritzer Limettensaft oder einem Beilagensalat mit Gurke und frischen Kräutern.

Crispy Apple Bowl

Ein warm-knuspriger Frühstücksgenuss mit fruchtiger Frische – proteinreich, sättigend und in weniger als 20 Minuten fertig.

1. Den Airfryer oder Backofen auf **200 °C Umluft** vorheizen.
2. Äpfel schälen, entkernen und in kleine Würfel schneiden. Mit Pflanzenmilch und Proteinpulver vermengen.
3. Die Mischung im Airfryer ca. **10 - 12 Minuten** knusprig backen. Im Backofen kann die Backzeit je nach Gerät leicht länger ausfallen (ca. 15 - 18 Minuten).
4. Kokosjoghurt in eine Schüssel geben, die warmen Apfelwürfel darüber verteilen. Mit Honig oder Tapiokasirup sowie optional Granola toppen.

Zutaten

2 Äpfel

3 EL Pflanzenmilch

3 EL veganes, ungesüßtes Proteinpulver

200 g Kokosjoghurt (alternativ Soja- oder Mandeljoghurt)

1 TL Honig oder Tapiokasirup

Optional: 1 - 2 EL zuckerfreies Granola als Topping

Tipp

Diese Bowl lässt sich auch gut vorbereiten: Die Apfelwürfel können am Vorabend gebacken und morgens kalt oder leicht erwärmt serviert werden – perfekt für Meal Prep.

Tuna Salad –
Frischer Gemüsesalat mit Thunfisch

Tag 9

Ein schneller, eiweißreicher Salat mit knackigem Gemüse - ideal als leichtes Mittagessen.

1 Den Thunfisch gut abtropfen lassen und mit einer Gabel grob zerteilen.

2 Gurke, Paprika, Tomaten und Zwiebel fein würfeln und in eine große Schüssel geben.

3 Für das Dressing Apfelessig, Olivenöl und Meersalz verrühren.

4 Das Dressing über das Gemüse geben, den Thunfisch und optional die Kapern hinzufügen und alles vorsichtig vermengen.

5 Mit frisch gehackter Petersilie bestreuen und sofort servieren.

Zutaten

Für den Salat:

½ Salatgurke

½ Paprika (rot, orange oder gelb)

1 kleine rote Zwiebel

2 mittelgroße Tomaten (ca. 100 g)

100 g Thunfisch (aus der Dose, in Wasser oder Öl)

1 EL Kapern (optional)

Frische Petersilie zum Garnieren

Für das Dressing:

2 EL Apfelessig

1 EL Olivenöl

Meersalz nach Geschmack

Tipp

Dieser Salat lässt sich ideal vorbereiten und schmeckt durchgezogen sogar noch besser. Für mehr Sättigung passt eine Scheibe Vollkornbrot oder etwas Quinoa als Beilage perfekt dazu.

Tropical Bliss Balls

Tag 9

Fruchtige Snack-Bällchen mit Ananas, Datteln und Cashews – ideal für unterwegs, nach dem Training oder als gesunde Nascherei.

Zutaten für 3 Portionen

150 g reife Ananas (frisch, geschält und gewürfelt)

50 g zarte Haferflocken

40 g Kokosraspeln (plus etwas zum Wälzen)

½ TL gemahlene Vanille

20 g Cashewkerne (ungewürzt, ungesalzen)

4 Medjool-Datteln (entsteint)

1 Die Ananas schälen und grob zerkleinern. Datteln entkernen.

2 Alle Zutaten in einen leistungsstarken Mixer oder Food Processor geben und zu einer klebrigen Masse verarbeiten.

3 Aus der Masse kleine Bällchen formen und in den restlichen Kokosraspeln wälzen.

4 Die Bliss Balls mindestens 30 Minuten im Kühlschrank fest werden lassen – dort halten sie sich luftdicht verschlossen bis zu 5 Tage.

Tipp

Frische Ananas lässt sich gut in Portionen einfrieren – so hast du jederzeit die Basis für eine neue Ladung Bliss Balls griffbereit.

Knusprige Reispapierrollen

Tag 9

Eine kreative, leichte Mahlzeit mit asiatischem Flair – außen knusprig, innen bunt und frisch gefüllt. Ideal als Hauptgericht!

1 Die Reisnudeln nach Packungsanleitung garen, anschließend kalt abspülen und gut abtropfen lassen.

2 Eine flache Schale mit warmem Wasser füllen. Je ein Reispapierblatt ca. 5–7 Sekunden darin einweichen, bis es biegsam ist, dann auf ein sauberes Brett legen.

3 In die Mitte jedes Blatts eine kleine Portion Reisnudeln, Rotkohl, Gurke und Karotte geben.

4 Die Seiten des Papiers einklappen und die Rolle fest aufrollen – wie einen Burrito. Die einzelnen Rollen sollten sich nicht berühren, da sie sonst zusammenkleben.

5 Die fertigen Rollen mit Sesamöl bestreichen und in eine mit Backpapier ausgelegte Auflaufform legen.

6 Im vorgeheizten Ofen bei **200 °C Ober-/Unterhitze** ca. **25 Minuten** backen. Nach der Hälfte der Zeit wenden. Die Rollen sind fertig, wenn das Reispapier knusprig und leicht gebräunt ist.

7 Für die Soße alle Zutaten zu einer glatten Creme verrühren.

8 Die Rollen 5 Minuten abkühlen lassen, anschließend mit der Erdnusssoße servieren und nach Wunsch mit Sesamsamen und Frühlingszwiebeln garnieren.

Zutaten

Für die Reispapierrollen:

4 Reispapierblätter

¼ Kopf Rotkohl, fein geschnitten

½ Salatgurke, in Scheiben

1 Karotte, in feine Streifen geschnitten

80 g Vollkorn-Reisnudeln

Sesamöl zum Bestreichen

Optional zur Garnitur: Frühlingszwiebeln, Sesamsamen

Für die Erdnusssoße:

100 g Erdnussbutter (cremig)

Saft von ½ Limette

70 g Wasser (ggf. etwas mehr zum Verdünnen)

2 EL Tamari

1 Knoblauchzehe, fein gehackt oder gepresst

Tipp

Für eine herzhafte Variante kannst du zusätzlich 100 g gebratene Hähnchenbruststreifen in die Rollen einarbeiten – eine sättigende Proteinquelle und geschmacklich wunderbar passend.

Pfirsich-Crumble

Tag 10

Ein warmes, nährstoffreiches Frühstücksgericht – süß, ohne Zuckerzusatz, ballaststoffreich und voller natürlicher Aromen.

1 Den gewürfelten Pfirsich zusammen mit Zitronensaft, Zimt und Chiasamen in eine kleine Pfanne oder einen Topf geben.

2 Bei mittlerer Hitze ca. **5 Minuten** köcheln, bis die Früchte weich sind und eine marmeladenartige Konsistenz entsteht.

3 In einer Schüssel die Zutaten für das Crumble vermengen. Falls die Masse zu trocken ist, mit etwas Pflanzenmilch zu einer leicht feuchten, krümeligen Textur verarbeiten.

4 Die heiße Pfirsichmasse in eine kleine ofenfeste Form geben und das Crumble gleichmäßig darüber verteilen.

5 Im vorgeheizten Backofen bei **180 °C Ober-/Unterhitze** ca. **10 - 15 Minuten** backen, bis das Topping leicht gebräunt ist. Alternativ kann das Crumble auch in der Pfanne mit Deckel 2 - 3 Minuten angeröstet werden.

6 Warm genießen – pur oder zusammen mit einem Klecks ungesüßtem Soja- oder Kokosjoghurt.

Zutaten

Für die Pfirsich-Basis:

1 großer reifer Pfirsich (alternativ 2 kleine), gewürfelt

1 TL Zitronensaft

1 TL Chiasamen (für Bindung und Ballaststoffe)

½ TL Zimt

Optional: 1 TL Dattelsirup oder Apfelmark zum Süßen

Für das Crumble-Topping:

3 EL zarte Haferflocken

1 EL gemahlene Mandeln oder Walnüsse

1 TL Leinsamen, geschrotet

1 EL Cashewmus (alternativ Mandelmus)

1 Prise Zimt

1 TL Erythrit

Optional: Ein Schuss Pflanzenmilch, falls nötig

Tipp

Leinsamen selbst schroten: Wer nur ganze Leinsamen zu Hause hat, kann sie in einem kleinen Mixer, in einer Kaffeemühle oder im Mörser selbst schroten.

Mediterraner Brotsalat

Tag 10

Ein mediterraner Genuss, der Aromenvielfalt mit gesunder Frische vereint. Das selbst gebackene Baguette verleiht diesem Salat nicht nur Charakter, sondern auch die perfekte Balance zwischen Knusprigkeit und Wohlfühlküche.

1 Den Backofen auf **200 °C Ober-/Unterhitze** vorheizen. Die Hefe zusammen mit dem Honig in lauwarmen Wasser vollständig auflösen. Anschließend die beiden Mehlsorten und das Olivenöl einrühren und zu einem glatten, elastischen Teig verkneten. Den Teig abgedeckt 1½ Stunden an einem warmen Ort gehen lassen.

2 Den Teig zu einem Baguette formen, nach Belieben einschneiden und auf ein mit Backpapier belegtes Blech legen. Optional mit etwas Wasser bepinseln. Im vorgeheizten Ofen ca. **20 Minuten** goldbraun backen. Herausnehmen und abkühlen lassen.

3 Inzwischen die Gurke in feine Halbmonde schneiden, die Gojibeeren kurz in lauwarmem Wasser einweichen und die Kräuter hacken. Alles mit dem gewaschenen Salat in eine große Schüssel geben.

4 Das ausgekühlte Baguette in mundgerechte Würfel schneiden und in einer heißen Pfanne mit etwas Olivenöl rundum goldbraun rösten. Für mehr Tiefe im Aroma kann optional eine angedrückte Knoblauchzehe mit in die Pfanne gegeben werden.

5 Apfelessig, Olivenöl, Basilikum und Salz gut verrühren. Über den vorbereiteten Salat geben und vermengen.

6 Die gerösteten Brotwürfel unter den Salat heben und sofort servieren – so bleibt das Brot außen knusprig und innen zart.

Tipp

Für noch mehr mediterrane Tiefe ergänze den Salat mit halbgetrockneten Tomaten, Oliven oder gerösteten Pinienkernen.

Zutaten

Für 1 Baguette:

100 ml lauwarmes Wasser (plus etwas zum Bestreichen)

⅓ Würfel frische Hefe

¼ TL Honig

115 g Dinkelmehl Type 630

60 g Dinkelvollkornmehl

7 g Olivenöl

Gehzeit 1,5 Stunden

Für den Salat:

70 g Salat (Rucola, Feldsalat, Blattsalat nach Saison)

Frische Kräuter (z. B. Petersilie, Basilikum, Dill)

½ Salatgurke

1 EL Gojibeeren

Für das Dressing:

20 g Apfelessig

1 TL hochwertiges Olivenöl

2 - 3 Blätter frisches Basilikum, fein gehackt

⅓ TL Meersalz

Tag 10

Erdbeer-Schoko-Dessert

Ein fruchtig-cremiges Schichtdessert mit feiner Vanillenote, lockerer Kokos-Sahne und einem Hauch knuspriger Schokolade. Ideal als leichter Nachtisch – sommerlich, vegan und raffiniert ohne Zucker.

Zutaten

100 g frische Erdbeeren

1 TL Pudererythrit

1 TL Zitronensaft

½ TL abgeriebene Zitronenschale

100 g vegane Sahne (z. B. Kokos)

100 g Kokosjoghurt

½ TL gemahlene Vanille

30 g zuckerfreie Schoko-Kekse

1. Die Erdbeeren gründlich waschen, vom Strunk befreien und in kleine Stücke schneiden.
2. Die Kokosschlagsahne zusammen mit dem Pudererythrit und der Vanille cremig aufschlagen. Kokosjoghurt, Zitronensaft und -schale vorsichtig unterheben.
3. Die Schoko-Kekse grob mit den Händen zerbröseln oder kurz in einem Mixer zerkleinern – je nach gewünschter Konsistenz.
4. Nun das Dessert in Gläsern schichten: Zuerst die Hälfte der Joghurt-Sahne-Creme einfüllen, darauf die Erdbeerstücke und anschließend einen Teil der Keksbrösel verteilen.
5. Den Vorgang mit einer zweiten Schicht wiederholen und das Dessert direkt servieren – oder bis zum Verzehr im Kühlschrank kaltstellen.

Tipp

Für ein besonders stimmiges Ergebnis verwende weiche Schoko-Kekse ohne Zuckerzusatz, z. B. *Mini Cookies* von *Krümel*.

Pilzrahm-Pasta

Tag 10

Diese cremige Pasta vereint zarte Champignons mit einer mild-nussigen Rahmsoße auf Cashewbasis. Ein pflanzliches Wohlfühlgericht, das ganz ohne Sahne oder Käse auskommt – aromatisch, sättigend und elegant zugleich.

1 Die Pasta in reichlich gesalzenem Wasser nach Packungsanleitung al dente kochen. Abgießen und beiseitestellen.

2 Für die Soße Cashewkerne, Pflanzenmilch, Hefeflocken und Suppengewürz in einem Mixer oder Hochleistungsblender zu einer glatten, cremigen Masse pürieren.

3 Die Champignons in feine Scheiben schneiden, die Zwiebel schälen und würfeln, Petersilie grob hacken.

4 Die Zwiebel in einer großen Pfanne mit etwas Öl bei mittlerer Hitze glasig anschwitzen, dann die Champignons hinzufügen und einige Minuten mitbraten, bis sie leicht gebräunt sind.

5 Die vorbereitete Soße in die Pfanne gießen, kurz aufkochen lassen und dann den Herd ausschalten. Zum Schluss die frische Petersilie unterrühren.

6 Die gekochte Pasta direkt unter die Soße heben, gut vermengen und heiß servieren – nach Belieben mit frischem Pfeffer oder einem Hauch Zitronenabrieb verfeinern

Zutaten

70 - 80 g Pasta (z. B. Dinkel-, Emmer- oder Kichererbsennudeln)

150 g frische Champignons

1 kleine Zwiebel

1 Handvoll frische Petersilie

Für die Soße:

30 g Cashewkerne (ungewürzt, ungesalzen)

125 g Pflanzenmilch

3 TL Hefeflocken

1 gestrichener TL Suppengewürz

Tipp

Wer mag, kann die Cashewkerne vorher 30 Minuten einweichen – das macht die Soße noch samtiger. Auch mit Steinpilzen oder Kräuterseitlingen schmeckt das Gericht hervorragend.

Pink Chia Pudding

Ein nährstoffreiches Frühstück mit dem sanften Aroma von Vanille, der milden Süße von Honig und einer feinen erdigen Note durch das Rote-Bete-Pulver. Dieser farbenfrohe Pudding lässt sich perfekt vorbereiten und ist ein echter Hingucker auf dem Frühstückstisch.

1. Pflanzenmilch und Chiasamen in ein verschließbares Gefäß (z. B. Glas oder Shaker) geben.
2. Rote-Bete-Pulver, Vanille, Süßungsmittel und Salz hinzufügen. Die Mischung kräftig verrühren oder schütteln, bis sich alles gut verbunden hat.
3. Den Pudding mindestens 1 Stunde – besser über Nacht – im Kühlschrank quellen lassen, bis eine puddingartige Konsistenz entsteht.
4. Zum Anrichten die Hälfte des Puddings in ein Glas füllen, mit 2 EL Kokosjoghurt und etwas Granola bedecken. Den Vorgang wiederholen und nach Belieben mit Beeren oder Obst toppen.

Zutaten

200 ml Pflanzenmilch

40 g Chiasamen

1 TL Rote-Beete-Pulver

1 TL gemahlene Vanille

1 - 2 TL Honig oder Tapiokasirup (je nach gewünschter Süße)

1 Prise Meersalz

Zum Schichten

4 EL Kokosjoghurt

Granola (Seite 35)

Optional: frische Beeren oder fruchtzuckerarmes Obst

Tipp

Ideal für Meal Prep: Der Pink Chia Pudding lässt sich bereits am Vorabend zubereiten und ist morgens sofort verzehrfertig – auch ideal für unterwegs.

Tag 11

Salbei-Pasta

Ein einfaches, aber charaktervolles Pastagericht mit aromatischem Salbei und fruchtiger Tomatensoße. Ideal für alle, die schnelle Küche mit Tiefe und Natürlichkeit lieben.

1 Die Nudeln in ausreichend gesalzenem Wasser al dente kochen. Währenddessen mit der Soße fortfahren.

2 Die Zwiebel schälen und fein würfeln. Die Salbeiblätter grob zerschneiden oder zerreißen – so entfalten sie ihr Aroma besser.

3 In einem kleinen Topf etwas Olivenöl erhitzen und die Zwiebelwürfel bei mittlerer Hitze glasig dünsten.

4 Mit den stückigen Tomaten ablöschen, Salbei hinzufügen und alles für ca. 5 Minuten leicht köcheln lassen.

5 Mit Salz und – wenn gewünscht – etwas Pfeffer abschmecken. Anschließend die Soße mit den frisch abgegossenen Nudeln vermengen und sofort servieren.

Zutaten

90 - 100 g Pasta nach Wahl (z. B. Emmer-Spirelli, Kichererbsenpasta oder Urdinkel-Nudeln)

Für die Soße:

200 g stückige Tomaten (aus der Dose oder frisch)

1 kleine Zwiebel

5 frische Salbeiblätter

Meersalz (nach Geschmack)

Optional: frisch gemahlener Pfeffer, Olivenöl zum Dünsten

Tipp

Emmer-Spirelli oder Dinkel-Nudeln bringen eine leicht nussige Note mit und harmonieren wunderbar mit dem Salbei. Für eine glutenfreie Variante einfach auf Linsen- oder Kichererbsennudeln zurückgreifen.

Pink Hearts

Tag 11

Köstlich gefüllt, zart umhüllt und liebevoll verziert: Diese kleinen Dattel-Herzen sind nicht nur ein geschmackliches Highlight, sondern auch ein wunderschönes Geschenk aus der Küche – zuckerfrei, vegan und voller natürlicher Süße.

1 Die Datteln längs einschneiden, dabei nicht durchtrennen, und die Kerne entfernen. Die Hälften vorsichtig auseinanderziehen, sodass sich eine herzähnliche Form ergibt.

2 Jede Dattelhälfte mit etwas pinkem Cashewmus füllen. Anschließend zwei gefüllte Hälften aneinanderlegen und leicht andrücken, sodass ein vollständiges Herz entsteht.

3 Die Schokolade im Wasserbad oder bei niedriger Mikrowellenleistung schmelzen. Die Dattelherzen darin eintauchen oder mit einem Löffel überziehen.

4 Solange die Schokolade noch weich ist, die Oberseite mit feinem Himbeerpulver bestäuben und die Herzen anschließend vollständig auskühlen lassen.

Zutaten

4 Medjool-Datteln

2 TL pinkes Cashewmus (z. B. mit Himbeer- oder Rote-Beete-Pulver verfeinert)

40 g vegane Schokolade (zuckerfrei)

Himbeerpulver zum Bestäuben

Tipp

Diese kleinen Schönheiten halten sich bis zu einer Woche im Kühlschrank und sind ideal als selbstgemachtes Mitbringsel – ob zum Valentinstag, als liebe Geste oder einfach nur für dich selbst.

Red Thai Curry

Tag 11

Ein aromatisch-würziges Thai-Curry mit cremiger Kokosnote, frischem Gemüse und saftigen Garnelen – schnell zubereitet, farbenfroh serviert und ideal für Liebhaber der asiatischen Küche.

Zutaten

225 ml Kokosmilch (1 kleine Dose)

100 g Garnelen (geschält, roh oder vorgekocht, TK)

50 g Edamame (geschält, TK oder frisch)

5 g frischer Bio-Ingwer

1 kleine Karotte

½ rote Paprika

1 TL rote Currypaste

1 Knoblauchzehe

1 EL Tamari

70 g Basmatireis

1 Die Garnelen etwa 1 Stunde vor dem Kochen aus dem Tiefkühler nehmen und bei Raumtemperatur auftauen lassen. Den Reis nach Packungsanleitung garen und warmhalten.

2 Währenddessen Ingwer und Knoblauch fein reiben. Die Karotte in feine Stifte schneiden, die Paprika würfeln.

3 In einer Pfanne etwas Öl erhitzen. Ingwer, Knoblauch und die rote Currypaste darin 30 - 60 Sekunden anrösten, bis sich die Aromen entfalten.

4 Karotten und Paprika hinzufügen und bei mittlerer Hitze 2 - 3 Minuten anbraten, bis das Gemüse leicht weich, aber noch bissfest ist.

5 Mit der Kokosmilch ablöschen. Die aufgetauten Garnelen und Edamame dazugeben und alles 3 - 4 Minuten sanft köcheln lassen, bis die Garnelen gar sind.

6 Zum Schluss mit Tamari abschmecken und nach Belieben leicht salzen. Gemeinsam mit dem Reis anrichten und heiß servieren.

Tipp

Für eine vegane Variante ersetze die Garnelen durch knusprig gebackenen Tofu oder Kichererbsen. Wer es schärfer mag, ergänzt frische Chili oder etwas Limettensaft für eine frische Säure.

Chocolate Banana Bowl

Tag 12

Cremig, schokoladig und voller Nährstoffe – diese Frühstücksbowl vereint natürliche Süße, wertvolle Ballaststoffe und pflanzliche Energie. Perfekt für einen aktiven Start in den Tag oder als gesunder Snack für unterwegs.

Zutaten

1 reife Banane

100 g Hirseflocken

2 EL Haferkleie

2 EL Kakaopulver (ungesüßt)

1 EL Erythrit (oder Süße nach Wahl)

250 ml Pflanzenmilch

1 Handvoll frische oder tiefgekühlte Beeren (ca. 70 g)

1 Alle Zutaten – außer den Beeren – in einen leistungsstarken Mixer geben und zu einer glatten, dickflüssigen Creme verarbeiten.

2 Entweder direkt in eine Schüssel füllen und mit den Beeren garnieren oder die Mischung in ein verschließbares Glas füllen und mitnehmen.

3 Für eine extra erfrischende Konsistenz die Bowl vor dem Servieren etwa 10 Minuten ins Gefrierfach stellen.

4 Alternativ am Vorabend zubereiten und über Nacht im Kühlschrank ziehen lassen – ideal für alle, die morgens keine Zeit verlieren möchten.

Tipp

Je reifer die Banane, desto süßer das Ergebnis – die Zugabe zusätzliche Süße wird dann meist überflüssig. Für mehr Biss kannst du noch gehackte Nüsse oder Kakao-Nibs als Topping hinzufügen.

Cremiges Linsen-Dal

Tag 12

Ein klassisches Gericht aus der indischen Küche, das reich an pflanzlichem Eiweiß, Ballaststoffen und entzündungshemmenden Gewürzen ist. Ingwer, Knoblauch und Kreuzkümmel unterstützen die Verdauung, während Linsen langanhaltend sättigen und wertvolle Nährstoffe liefern.

1 Ingwer, Zwiebel und Knoblauch schälen und fein hacken.

2 Das Kokosöl in einem Topf erhitzen. Zwiebel, Ingwer und Knoblauch bei mittlerer Hitze glasig dünsten, ohne dass sie Farbe annehmen.

3 Currypulver, Kreuzkümmel und Garam Masala hinzufügen und die Gewürze unter Rühren 1 - 2 Minuten sanft anrösten, bis sie duften.

4 Mit der Gemüsebrühe ablöschen. Die Linsen in einem Sieb gründlich mit kaltem Wasser abspülen und hinzufügen.

5 Passierte Tomaten und Kokosmilch in den Topf geben und alles gut verrühren. Optional mit Erythrit leicht süßen.

6 Das Dal bei mittlerer Hitze ca. **12 - 15 Minuten** köcheln lassen, bis die Linsen weich sind und eine sämige Konsistenz entsteht.

7 Mit Salz, Pfeffer und frischem Limettensaft abschmecken. Wer es schärfer mag, kann etwas Chilipulver einrühren.

8 Vor dem Servieren nach Belieben mit frischem Koriander oder Petersilie garnieren.

Zutaten

1 kleines Stück frischen Ingwer (alternativ getrocknet)
1 kleine rote Zwiebel
1 Knoblauchzehe
1 EL Kokosöl
1 TL gelbes Currypulver
¼ TL Kreuzkümmel
¼ TL Garam Masala
200 ml Gemüsebrühe
150 g rote Linsen (halbiert)
50 ml passierte Tomaten
50 ml Kokosmilch
1 TL Erythrit (optional)
Saft von ¼ Limette
Meersalz und Pfeffer nach Geschmack
Optional: eine Prise Chilipulver oder frischer Koriander zum Garnieren

Tipp

Dieses Dal passt auch wunderbar zu Naturreis. Es ist leicht verdaulich, nährstoffreich und ideal, um den Körper mit entzündungshemmenden Wirkstoffen zu versorgen.

Korean Strawberry Milk

Tag 12

Ein cremig-fruchtiger Erdbeertraum, inspiriert vom koreanischen Streetfood-Trend. Diese Version kommt ganz ohne raffinierten Zucker aus, schmeckt aber dank frischer Erdbeeren, Vanille und Kokossahne herrlich süß, mild und luxuriös – warm oder gekühlt ein Genuss.

Zutaten für 1 großes Glas

120 g Erdbeeren (TK, leicht angetaut oder frisch)

20 g Pudererythrit oder 1 EL Honig

½ TL gemahlene Vanille

200 ml Pflanzenmilch

100 ml vegane Sahne (z. B. Kokos) – optional

Frische Erdbeeren zur Dekoration – optional

1 Die Erdbeeren zusammen mit Pudererythrit (oder Honig) und Vanille in einem Mixer fein pürieren, bis eine dickflüssige, gleichmäßige Fruchtbasis entsteht. Anschließend in ein hohes Glas füllen.

2 Die kalte Pflanzenmilch langsam über die Erdbeermasse gießen – dadurch entstehen schöne Marmoriereffekte im Glas.

3 Wer es besonders cremig mag, schlägt die vegane Sahne separat auf und gibt sie als luftige Haube obenauf. Optional mit frischen Erdbeerscheiben garnieren und sofort servieren.

Tipp

Auch ohne Sahne ist dieser Drink erfrischend und leicht – mit Sahne wird er zur Dessert-Alternative.

Süßkartoffel Tex-Mex

Tag 12

Eine aromatische Fusion aus Süßkartoffel, würziger Hackfüllung und cremiger Avocado. Dieses herzhafte Ofengericht kombiniert sättigende Wärme mit frischer Leichtigkeit – ganz ohne tierische Produkte, aber voller Geschmack.

1 Den Backofen auf **200 °C Ober-/Unterhitze** vorheizen. Die Süßkartoffel rundherum mit einer Gabel einstechen, auf ein Backblech legen und ca. 60 Minuten weich backen.

2 In der Zwischenzeit die Zwiebel schälen, fein würfeln und zusammen mit dem veganen Hack in einer heißen Pfanne mit etwas Öl anbraten. Cajun-Gewürz hinzufügen und alles goldbraun rösten; dann beiseitestellen.

3 Die Avocado halbieren, entkernen und das Fruchtfleisch in einer Schüssel mit einer Gabel zerdrücken. Mit Zitronensaft und einer Prise Meersalz abschmecken. Die Tomaten fein würfeln.

4 Die gegarte Süßkartoffel vorsichtig längs einschneiden und das Innere mit einer Gabel leicht auflockern. Mit der Hack-Zwiebel-Mischung füllen.

5 Avocadocreme und gewürfelte Tomaten darübergeben. Zum Abschluss mit einem Klecks Sojajoghurt toppen und sofort servieren.

Zutaten

1 große Süßkartoffel

1 kleine Zwiebel

150 g veganes Hack (z. B. auf Erbsen- oder Sojabasis)

½ TL Cajun-Gewürz (alternativ: geräucherte Paprika + Kreuzkümmel)

1 reife Avocado

1 TL Zitronensaft

100 g Tomaten

2 EL Sojajoghurt (ungesüßt)

Meersalz nach Geschmack

Tipp

Für mehr Biss kannst du das vegane Hack mit etwas Mais oder Paprika verfeinern. Wer es scharf mag, rundet das Gericht mit Jalapeños oder Chiliflocken ab.

Millet Breakfast

Tag 13

Ein nussig-milder Hirsebrei, verfeinert mit einer fruchtig-warmen Beerensoße und frischen Toppings. Diese glutenfreie Frühstücksvariante ist ballaststoffreich, sättigend und dabei wunderbar cremig – ideal für einen nährstoffreichen Start in den Tag.

1 Die Hirse nach Packungsanleitung in der Pflanzenmilch garen. Bei feinkörniger Hirse genügt oft etwas weniger Flüssigkeit.

2 Währenddessen die TK-Beeren zusammen mit dem Erythrit in einem kleinen Topf erhitzen und köcheln lassen, bis die Früchte weich und heiß sind.

3 Die gekochten Beeren anschließend in einen Mixer geben und zu einer glatten Fruchtsoße pürieren.

4 Sobald die Hirse gar ist, ebenfalls in den Mixer geben. Mit der restlichen Pflanzenmilch und dem Honig (oder Sirup) kurz zu einer cremigen Konsistenz mixen.

5 Den fertigen Hirsebrei in eine Schüssel füllen, die warme Beerensoße darüber gießen.

6 Mit frischen Früchten nach Wahl und – wenn gewünscht – einem Klecks Pistazienmus garnieren. Warm genießen.

Zutaten

65 g Hirse

180 g Pflanzenmilch (bei feiner Hirse nur 130 g nötig)

100 g Pflanzenmilch (zum Nachmixen)

1 EL Honig oder 2 EL Tapiokasirup

Topping:

80 g TK-Beerenmischung

1 EL Erythrit

Frische Früchte nach Wahl (z. B. Kiwi, Mango, Banane)

Optional: 1 TL Pistazienmus

Tipp

Dieses Frühstück lässt sich wunderbar vorbereiten – einfach am Vorabend kochen, im Kühlschrank lagern und morgens kurz erwärmen. Auch als To-go-Variante im Glas bestens geeignet.

Mediterraner Bohnensalat

Tag 13

Ein frischer, sättigender Salat auf Basis von Hülsenfrüchten, der mediterrane Aromen mit vitaler Leichtigkeit verbindet. Perfekt leichtes Mittagessen oder Meal-Prep-Komponente – voller Farbe, Geschmack und Nährstoffe.

1 Bohnen sowie getrocknete Tomaten gut abtropfen lassen.

2 Zwiebel, Paprika und Tomaten in feine Würfel schneiden. Die Petersilie grob hacken, die Zitronenschale abreiben.

3 Alle vorbereiteten Zutaten zusammen mit den Bohnen in eine große Schüssel geben.

4 Zitronensaft und Zitronenschale hinzufügen, alles gut durchmischen.

5 Mit Meersalz und Pfeffer abschmecken und vor dem Servieren idealerweise 10–15 Minuten durchziehen lassen.

Zutaten

150 g Bohnenmix oder Riesenbohnen (vorgegart)

1 kleine rote Zwiebel

1 kleine rote Paprika

2 getrocknete Tomaten in Öl

1 Handvoll frische Petersilie (ca. 12 g)

Saft und abgeriebene Schale von ½ Zitrone

Meersalz und Pfeffer nach Geschmack

Tipp

Dieser Salat schmeckt besonders aromatisch, wenn er gut durchgezogen ist. Für mehr Tiefe kann er mit etwas Olivenöl oder frischen Minzblättern verfeinert werden.

High Protein Tiramisu

Tag 13

Ein leichter, proteinreicher Dessert-Klassiker im neuen Gewand: ganz ohne Mascarpone, aber mit herrlich cremigem Kokosjoghurt, zartem Kaffeearoma und der feinen Bitterkeit von Kakao. Ideal als süßer Abschluss oder Snack mit gutem Gewissen.

1 Den Kokosjoghurt mit dem gewählten Süßungsmittel glattrühren.

2 Den Kaffee in eine breite Schale oder ein tiefes Gefäß geben. Die Linsenwaffeln jeweils für etwa 5 Sekunden darin einweichen.

3 Mit einer Schicht aus einer getränkten Waffel beginnen, darauf ein Drittel des Kokosjoghurts verteilen. Diesen Vorgang zwei weitere Male wiederholen, sodass insgesamt drei Schichten entstehen.

4 Zum Abschluss die oberste Schicht großzügig mit Kakaopulver bestäuben.

Zutaten

150 g Kokosjoghurt

3 Linsenwaffeln

1 TL Honig, 2 TL Tapiokasirup oder 1 TL Pudererythrit (nach Geschmack)

150 ml starker Kaffee (optional entkoffeiniert)

Kakaopulver zum Bestäuben

Tipp

Besonders schön gelingt das Schichten in einem Glas oder einer kleinen Auflaufform. Das Tiramisu lässt sich ideal am Vorabend vorbereiten und gekühlt servieren – für noch mehr Aroma und Festigkeit.

Tag 13

Sushi mit Wildräucherlachs

Ein unkompliziertes Sushi-Erlebnis für zu Hause: frischer Wildlachs, cremige Avocado und knackige Gurke eingerollt in Noriblätter – dazu ein süßlich-würziger Tamari-Dip. Ideal als leichtes Abendessen.

Zutaten für 2 Rollen (ca. 12–14 Stücke)

150 g Sushireis (trocken)

½ Avocado

¼ Gurke

2 Noriblätter

50 g Wildräucherlachs

Für den Dip

3 EL Tamari

1 TL Honig, Tapiokasirup oder Dattelsirup

1 Den Sushireis waschen und nach Packungsanleitung garen. Anschließend vollständig abkühlen lassen – er sollte leicht klebrig, aber nicht feucht sein.

2 Die Gurke waschen und in ca. 10 cm lange, dünne Streifen schneiden. Die Avocado entkernen, das Fruchtfleisch in Streifen schneiden. Den Wildräucherlachs ebenfalls in längliche Streifen portionieren.

3 Eine Bambusmatte mit Frischhaltefolie auslegen. Ein Noriblatt mit der glänzenden Seite nach unten darauflegen. Eine dünne Schicht Reis mit angefeuchteten Fingern gleichmäßig darauf verteilen, dabei oben einen kleinen Rand freilassen.

4 Die Lachs-, Gurken- und Avocadostreifen mittig auf dem Reis platzieren. Mithilfe der Bambusmatte das Sushi fest einrollen, dabei leicht andrücken. Die fertige Rolle mit einem sehr scharfen Messer in ca. 2 - 3 cm dicke Stücke schneiden.

5 Für den Dip Tamari mit Honig oder einer anderen Süße der Wahl verrühren.

6 Die Sushirollen mit dem Dip servieren – idealerweise mit eingelegtem Sushi-Ingwer als Beilage.

Tipp

Für eine vegetarische Variante kannst du den Lachs durch Tofu oder Mango ersetzen. Die Rollen lassen sich auch wunderbar vorbereiten und eignen sich als stilvoller Snack für unterwegs.

Glazed Skin Smoothie – für natürliche Glow-Momente

Tag 14

Ein nährstoffreicher Beauty-Smoothie, der nicht nur wunderbar schmeckt, sondern auch deine Haut von innen verwöhnt. Mit Kollagen, Aloe Vera, Avocado und Kokoscreme wird aus einfachen Zutaten ein cremig-frischer Energie-Booster für den Tag.

1. Die Erdbeeren separat in einem Mixer zu einer glatten Fruchtsoße pürieren und beiseitestellen.
2. Banane, Avocado, Pflanzenmilch, Kollagenpulver, Aloe Vera Gel und optional Honig in den Mixer geben und zu einem cremigen Smoothie verarbeiten.
3. Mit einem Löffel oder Pinsel die Kokoscreme dekorativ an die Innenseite eines Glases streichen, sodass feine, weiße Streifen entstehen.
4. Zuerst die Erdbeersoße in das vorbereitete Glas geben, anschließend den Smoothie vorsichtig einfüllen. Nach Wunsch mit einem weiteren Klecks Kokoscreme toppen und sofort genießen.

Zutaten für ein Glas

½ Banane (gefroren möglich)

150 g Erdbeeren (frisch oder gefroren)

¼ Avocado

250 ml Pflanzenmilch (je nach gewünschter Konsistenz)

1 EL Kollagenpulver (pflanzlich oder marines Kollagen)

1 TL Aloe Vera Gel (essbar)

Optional: 1 TL Honig

2 - 3 TL Kokoscreme

Knusprige Tofu-Wraps mit Guacamole & Tomatensalsa

Tag 14

Ein ausgewogener, pflanzlicher Wrap, der mit würzig gebackenem Tofu, cremiger Guacamole und frischer Tomatensalsa überzeugt. Ideal als schnelles Mittagessen oder Meal-Prep-Lösung für unterwegs.

1 Für die Tofumarinade Tomatenmark, Tamari, Oregano, Paprikapulver, Salz, Pfeffer und Öl in einer kleinen Schüssel glatt verrühren.

2 Tofu mit Küchenpapier trocken tupfen und fein zerbröseln. In die Marinade geben, gut vermengen und 5 - 10 Minuten ziehen lassen.

3 Die marinierten Tofubrösel entweder im **Airfryer** bei **180 °C** ca. **10 - 15 Minuten** knusprig backen (gelegentlich wenden) oder im **Backofen** bei **200 °C Ober-/Unterhitze** ca. **20 Minuten** rösten, bis sie goldbraun und leicht karamellisiert sind.

4 Für die Guacamole Avocado mit Zitronensaft und Salz zerdrücken.

5 Tomate und Zwiebel fein würfeln, Kräuter hacken, alles mit Zitronensaft und Salz zu einer frischen Salsa vermengen.

6 Den Wrap leicht erwärmen, mit Guacamole bestreichen, den knusprigen Tofu darauf verteilen und mit Tomatensalsa toppen. Nach Belieben aufrollen oder offen servieren.

Tipp

Für eine würzige Variante etwas frische Chili oder veganen Joghurt zur Salsa geben.

Zutaten für 1 großen Wrap

Für den Tofu:

100 g Naturtofu
½ EL Tomatenmark
1 EL Tamari
¼ TL getrockneter Oregano
¼ TL Paprikapulver (edelsüß oder geräuchert)
Meersalz und frisch gemahlener schwarzer Pfeffer
1 TL neutrales Öl (z. B. Raps- oder Sonnenblumenöl)

Für die Guacamole:

½ reife Avocado
Ein Spritzer Zitronensaft
Eine Prise Meersalz

Für die Tomatensalsa:

1 Tomate
¼ kleine rote Zwiebel
1 - 2 Stängel frischer Koriander oder Petersilie
1 TL Zitronensaft
Meersalz nach Geschmack

Außerdem:

1 großer Dinkel-Wrap (ca. 25 cm Durchmesser)

Brownie Balls

Tag 14

Diese zart schmelzenden Bällchen sind der perfekte Snack für zwischendurch: süß durch Datteln, sättigend durch Hafer und mit intensivem Kakaogeschmack – ganz ohne raffinierten Zucker. Ideal für Meal Prep oder als smarter Schokoersatz.

1. Falls die Datteln hart sind, 5 - 10 Minuten in warmem Wasser einweichen, dann gut abtropfen lassen.
2. Datteln mit Erdnussmus und einem kleinen Schuss Pflanzenmilch in einem Mixer oder mit einem Stabmixer zu einer feinen Paste pürieren.
3. Hafermehl, Kakaopulver und Meersalz hinzufügen und alles zu einer formbaren Masse verkneten. Je nach Konsistenz ggf. noch etwas Mandelmilch ergänzen.
4. Aus der Masse kleine Bällchen formen – alternativ in eine kleine Form drücken und später in Stücke schneiden.
5. Die Schokolade vorsichtig im Wasserbad oder in der Mikrowelle schmelzen. Die Bällchen damit überziehen oder darin wälzen.
6. Kurz im Kühlschrank fest werden lassen – fertig!

Zutaten für 4 Stück

ca. 40 g Medjool-Datteln, entsteint

1 EL Erdnussmus

1 - 2 TL Pflanzenmilch (je nach Konsistenz)

45 g Hafermehl

7 - 8 g Kakaopulver (ungesüßt)

¼ TL Meersalz

10 - 15 g vegane Schokolade (zuckerfrei, zum Schmelzen)

Tipp

Die Brownie Balls lassen sich luftdicht verschlossen bis zu 5 Tage im Kühlschrank aufbewahren. Für eine nussfreie Variante kannst du statt Erdnussmus auch Sonnenblumenkernmus verwenden.

Tag 14

Gefüllte Zucchini

Ein mediterraner Klassiker in leichter, anti-entzündlicher Variante. Zucchini liefert wertvolle Antioxidantien, während die Kombination aus Tomaten, Knoblauch und Oregano nicht nur Geschmack, sondern auch entzündungshemmende Pflanzenstoffe mitbringt.

1. Backofen auf **180 °C Ober-/Unterhitze** vorheizen.
2. Die Zucchini waschen, die Enden entfernen und die Zucchini halbieren. Die Hälften mit einem Löffel aushöhlen. Das Zucchinifleisch klein hacken.
3. Zwiebel und Knoblauch schälen, fein hacken und in etwas Öl glasig dünsten.
4. Hackfleisch zugeben und kräftig anbraten. Dann das Zucchinifleisch hinzufügen und kurz mitbraten.
5. Stückige Tomaten grob zerkleinern und zur Hackfleisch-Zucchini-Masse hinzufügen. Mit Meersalz, Pfeffer und Oregano würzen. Nach Belieben mit Rosmarin oder Cayennepfeffer verfeinern und einige Minuten einkochen lassen.
6. Die Zucchinihälften mit der Hackfleischmasse befüllen.
7. In eine kleine Auflaufform ca. 100 g stückige Tomaten und etwas Salz geben, die gefüllten Zucchinihälften daraufsetzen und mit veganem Reibekäse bestreuen.
8. Im vorgeheizten Ofen für **20 - 25 Minuten** backen bis der Käse goldbraun ist.

Zutaten

125 g veganes Hackfleisch (alternativ Rinderhackfleisch)

½ Zwiebel

1 Knoblauchzehe

200 g stückige Tomaten (½ Dose) für die Füllung,

100 g stückige Tomaten für die Soße

½ TL Oregano

Meersalz & Pfeffer nach Geschmack

Rosmarin (optional)

Cayennepfeffer (optional)

1 kleine Zucchini

ca. 40 g veganer Reibekäse

Tipp

Verwende anstelle von veganem Reibekäse einen Mix aus Hefeflocken, Salz und gemahlenen Cashewkernen. Das verleiht dem Gericht eine cremig-nussige Note, liefert zusätzlich wertvolle B-Vitamine, Mineralstoffe und gesunde Fette – ganz ohne stark verarbeitete Ersatzprodukte.